12 lecciones

Para líderes que quieren lo mejor para ~~sus jóve~~ nes

LECCIONES
Bíblicas Creativas

RANDY SOUTHERN

APOCALIPSIS

12 lecciones futuristas de una adoración extrema

La misión de Editorial Vida es ser la compañía líder en comunicación cristiana que satisfaga las necesidades de las personas, con recursos cuyo contenido glorifique a Jesucristo y promueva principios bíblicos.

LECCIONES BÍBLICAS CREATIVAS: APOCALIPSIS
Edición en español publicada por
Editorial Vida – 2009
Miami, Florida

Traducción*: María Gallardo*
Edición: *Eliezer Ronda*
Diseño interior*: Eugenia Chinchilla*
Diseño de cubierta*: Luvagraphics.com*

ISBN: 978-0-8297-5547-3

CATEGORÍA: Educación cristiana / Jóvenes

IMPRESO EN ESTADOS UNIDOS DE AMÉRICA
PRINTED IN THE UNITED STATES OF AMERICA

09 10 11 12 ✱ 7 6 5 4 3 2 1

Contenido

INTRODUCCIÓN   **DICES QUE QUIERES UNA REVELACIÓN…**   5

LECCIÓN 1   **LO QUE HAY MÁS ALLÁ**   9
Apocalipsis 1

LECCIÓN 2   **UN JESÚS TRANSFORMADO**   19
Apocalipsis 1; 5; 19

LECCIÓN 3   **SI NO PUEDES DECIR NADA BUENO…**   29
Apocalipsis 2

LECCIÓN 4   **LOS BUENOS, LOS MALOS, Y LOS TIBIOS**   37
Apocalipsis 3

LECCIÓN 5   **FRENTE AL TRONO**   45
Apocalipsis 4—5

LECCIÓN 6   **SE ACABÓ EL TIEMPO**   53
Apocalipsis 6; 8—9; 16

LECCIÓN 7   **YO SOY**   69
Apocalipsis 6; 8—9; 16

LECCIÓN 8   **¡A SALVO!**   77
Apocalipsis 7;14

LECCIÓN 9   **¿ESTO ENTRA EN EL EXAMEN?**   87
Apocalipsis 11—13; 17—18

LECCIÓN 10   **LA BATALLA FINAL**   101
Apocalipsis 19—20

LECCIÓN 11   **TODO SE RESUME EN ESTO**   113
Apocalipsis 20

LECCIÓN 12   **AL INFINITO Y MÁS ALLÁ**   121
Apocalipsis 21—22

Dedicatoria:

A mi esposa, Ann, por su fe, su fortaleza, su coraje, y su amor, de cara a un futuro incierto.

— **R.S.**

INTRODUCCIÓN

DICES QUE QUIERES UNA REVELACIÓN...

Para muchos cristianos el libro de Apocalipsis es el «tío chiflado» en la familia del Nuevo Testamento. Sabemos que deberíamos tratarlo con el mismo respeto con que tratamos al resto de los parientes, pero no podemos. Es simplemente demasiado distinto a los demás. De hecho, es un poquito raro, incluso da un poco de miedo.

El problema es que la mayor parte del tiempo no tenemos ni idea de lo que está diciendo. Sus palabras no tienen sentido para nosotros. En aquellos casos en que interactuar con él es inevitable, tratamos de hacerlo lo mejor posible... pero a la primera oportunidad que se nos presenta, nos escapamos para buscar caras más familiares, más seguras, con quienes pasar el tiempo... como Santiago o Pedro o Juan.

El problema con acercarse a Apocalipsis como al «tío chiflado» es que en realidad él tiene mucho para decir... cosas profundas, cosas interesantes, cosas que pueden cambiar tu vida. Si decides ignorarlo, será bajo tu responsabilidad.

Por ejemplo, el libro de Apocalipsis contiene algunos de los pasajes más inspiradores (y educativos) de todas las Escrituras sobre el tema de la **adoración**. El estilo celestial de alabanza y adoración descrito en Apocalipsis debería servir de modelo para nuestra adoración aquí en la tierra. Entonces, sin unos conocimientos básicos sobre el libro de Apocalipsis, no podemos cumplir una de nuestras responsabilidades primordiales como cristianos (la de adorar) del modo en que Dios pretende que lo hagamos.

LA CUESTIÓN DE LOS PREFIJOS

La pregunta que inevitablemente surge en cualquier estudio de Apocalipsis es la interpretación. ¿Fomenta este libro...

- el amilenialismo?
- el postmilenialismo?
- el premilenialismo pretribulacionista?
- el premilenialismo tribulacionista?
- el premilenialismo post tribulacionista?
- un nuevo y mejorado premilenialismo con fluor y agentes blanqueadores activos?

Si estás escaneando la página en busca de palabras o frases que revelen las inclinaciones escatológicas de este libro, no te molestes. No se trata de escatología. Así que si te encuentras buscando un estudio sobre Apocalipsis que contenga:

- breves biografías de los originadores del premilenialismo
- exploraciones del panorama sociopolítico de la Roma del primer siglo
- 37 posibles candidatos para ser el anticristo

...entonces buena suerte, y continúa buscando.

Si, no obstante, estás buscando un estudio que aborde la misteriosa naturaleza de Apocalipsis a la vez que promueve la aplicación práctica de los principios que se encuentran en este libro, ¡entonces este es el estudio para ti!

¿QUÉ HAY DENTRO?

El material en *Lecciones bíblicas creativas en Apocalipsis* se encuentra organizado para maximizar la eficiencia.

- **De un bocado** te brinda una visión general del tema de la lección en una o dos oraciones.
- **Puntapié inicial** te ofrece dos ideas diferentes de actividades y juegos de inicio para presentar el tema de la lección.
- **Entrando en tema** trae claridad al tema de la lección utilizando preguntas y ejercicios cuidadosamente seleccionados.
- **Dándole al libro** proporciona preguntas de estudio bíblico que ayudan a reflexionar, y que funcionan igualmente bien tanto para individuos como para grupos pequeños.
- **Que haga la diferencia** ofrece útiles ejercicios de aplicación... modos en que los adolescentes pueden poner en práctica los principios de Apocalipsis en sus vidas de todos los días.

NOTAS: En el casillero de «Lo que necesitarás» al comienzo de cada lección, tal vez veas cosas como «TV» o «reproductor de DVD» listadas como artículos necesarios. Pero no te preocupes y utiliza un reproductor de VCR si los de DVD escasean. Si tienes acceso a un equipo de proyección de video, ve por él. Si te resulta más conveniente utilizar un retroproyector y transparencias, o un pizarrón y marcadores, por favor hazlo. No encontrarás todas estas variantes en las listas de materiales que necesitarás, ¡pero definitivamente lo que debes hacer es sustituir las cosas por lo que sea que funcione para ti, para tu presupuesto, y para el tamaño de tu grupo! (Por favor asegúrate de ver todos los extractos de películas antes de mostrarlos a tu grupo. Si el lenguaje es un problema en algunas escenas clave, simplemente baja el volumen o, si tienes el tiempo y el equipamiento necesarios, edítalas.

Para aquellos que desean caminar la segunda milla, incluimos estos bonus tracks:

- **Más más más** ocasionalmente propone complementos para las actividades y debates.
- **Pongámonos teológicos** ofrece una guía para presentarles a los chicos las diversas escuelas de pensamiento cristianas que existen en lo que se refiere a los acontecimientos descritos en Apocalipsis.
- **Digno de adoración** ofrece sugerencias para convertir una reunión de jóvenes común en un tiempo extraordinario de alabanza a Dios.

POR ÚLTIMO...

Que Dios te bendiga ricamente mientras abres los ojos de tus adolescentes a las increíbles maravillas que se encuentran dentro del último libro de su Palabra. Que su Espíritu Santo te guíe mientras intentas ayudarlos a hacer las paces con el tío chiflado de la familia del Nuevo Testamento.

LO QUE HAY MÁS ALLÁ

DE UN BOCADO

Tal vez no sepamos exactamente lo que nos depara el futuro, pero sabemos quién nos prepara el futuro.

PUNTAPIÉ INICIAL – OPCIÓN 1

YO PREDIGO

Esta actividad funcionará especialmente bien si tienes un pequeño grupo cuyos miembros estén familiarizados unos con otros. Antes de la lección, reparte tarjetas y pide a los adolescentes que escriban cuatro predicciones de cosas que creen que van a pasar durante la reunión. Haz hincapié en que las predicciones deben ser específicas para que cuenten.

Las predicciones específicas y aceptables pueden incluir cosas como:
- Ariel hará reír a Marta.
- Lucía preguntará si podemos jugar al «volley» hoy por la noche.
- Carlos comenzará su oración diciendo: «Amado Padre celestial…».

Las predicciones imprecisas e inaceptables pueden incluir cosas como:
- Todos nos pondremos de pie al finalizar la reunión.
- Jugaremos algún juego esta noche.
- Alguien va a orar en algún momento durante la reunión.

Lo que necesitarás
- Biblias
- Papeles
- Bolígrafos o lápices
- Tarjetas (optativo)
- TV y reproductor de DVD (optativo)
- Películas con temas futuristas (optativo)
- Periódicos
- Pizarra blanca y marcadores
- Copias de **Una carta de Juan** (páginas 15-17), una para cada adolescente
- Copias de **Estás en buenas manos** (página 18), una para cada adolescente

Si lo que alguno de los chicos predijo llega a ocurrir durante la reunión, él o ella deberá gritar: «¡Yo lo dije!», lo suficientemente fuerte como para que todos lo oigan. Luego de verificar que de verdad lo haya escrito, entrégale un pequeño premio, como un dulce o goma de mascar. Haz lo mismo con todos aquellos cuyas «predicciones» se cumplan.

Realiza una transición hacia el tema de la lección empleando preguntas como:

GUIÓN PARA EL LÍDER JUVENIL

- **Sin decir cada uno sus predicciones, ¿en qué se basaron para realizarlas?**
- **Si tuvieran que hacer una predicción referida al futuro distante, ¿cuál sería?**
- **Cuando piensan en cómo será el futuro, ¿en qué basan sus opiniones?**

NOTA: Esta actividad no intenta promover la adivinación ni ninguna otra práctica antibíblica. Los chicos en realidad no están «adivinando» sino haciendo conjeturas sobre lo que ocurrirá, basadas en sus conocimientos sobre lo que ocurre habitualmente en la reunión. Algo similar ocurre en la actividad siguiente, en la cual el único modo aceptable de «predicción» es el del pronóstico meteorológico.

PUNTAPIÉ INICIAL – OPCIÓN 2
CLIPS A LA VISTA

Muestra varios extractos de películas, ya sea ambientadas en el futuro o que traten sobre el futuro. (Asegúrate de revisar cada extracto antes de mostrárselos a tus chicos, por si hubiera algo que pudiera resultar ofensivo o de mal gusto.) Entre los títulos que puedes tener en cuenta para esta actividad se encuentran:

• *12 monos*	• *Minority Report*	• *THX 1138*
• *2001: Odisea del espacio*	• *El planeta de los simios*	• *Terminator*
• *Inteligencia Artificial*	• *El dormilón*	• *La máquina del tiempo*
• *Blade Runner*	• *Cuando el destino nos alcance*	• *El vengador del futuro*
• *El quinto elemento*	• *Viaje a las estrellas*	
• *Matrix*	• *La guerra de las galaxias*	

MÁS MÁS MÁS
Clips a la vista
Si deseas llevar esta idea al siguiente nivel, busca www.FuturistMovies.com en la Internet. Creado por un futurista profesional, este sitio (en inglés) ofrece un análisis experto respecto al modo en que el futuro es representado en diversas películas. Encontrarás información acerca de todo, desde la viabilidad de los diversos tipos de viajes a través del espacio, hasta los problemas con las representaciones que se hacen de los alienígenas en las películas. Tal vez podrás encontrar algunas perlas de información para adornar tus debates sobre el futuro.

Encuentra una escena en cada película que ilustre su modo de representar el futuro. Por ejemplo, en *La máquina del tiempo*, podrías mostrar la escena en la cual el viajero del tiempo se despierta cientos de miles de años en el futuro en la aparentemente pacífica sociedad postecnológica de los Eloi.

Luego de este pequeño festival de cine, realiza la transición para adentrarse en la lección con preguntas como:

GUIÓN PARA EL LÍDER JUVENIL

* **¿Cuál, si es que alguna, de estas visiones del futuro piensan ustedes que resultará ser la más acertada?**
* **¿Cómo creen que será el mundo dentro de 100 años? ¿Y dentro de 500 años? ¿Y qué tal dentro de 1000 años?**
* **¿Será el mundo mejor o peor en el futuro? ¿Qué les hace pensar eso?**

Si obtienes respuestas poco precisas, alienta a los chicos a pensar acerca de aspectos específicos del futuro, tales como la tecnología médica, los transportes, las condiciones climáticas, el crimen o la moda.

ENTRANDO EN TEMA

ÉRASE UNA VEZ DENTRO DE MUCHO, MUCHO TIEMPO...

Divide a los adolescentes en grupos pequeños y reparte los periódicos, papeles y lapiceras. Pídeles que hojeen los periódicos y hagan una lista de todas las formas que encuentren en que las personas intentan predecir el futuro. (Ejemplos son el horóscopo, y muchos de los servicios que habitualmente se ofrecen en la sección de avisos clasificados, como lectura de la palma de la mano, adivinación, tarot, carta astral, y otros. También es un ejemplo de intentar predecir el futuro el pronóstico del tiempo, pero en este caso lo que hacen los meteorólogos es comparar los datos disponibles con los registros anteriores y sacar conclusiones lógicas, ¡es decir que tiene bases científicas, no satánicas!)

Luego compartan entre todos lo que encontraron. Finalmente pregunta a los chicos:

GUIÓN PARA EL LÍDER JUVENIL

¿Qué otras cosas hace la gente para intentar descubrir qué es lo que ocurrirá en el futuro?

Si nadie más lo menciona, señala que algunos juegan ciertos «juegos» que en realidad son experiencias espirituales no cristianas a las cuales hay que renunciar, tales como el tablero guija, la escritura automática, la bola 8 mágica y otros.

Enfatiza el hecho de que, contrariamente a lo que se anuncia en el periódico y muchas veces también en la televisión, hay solo una revelación garantizada acerca del futuro. Por si acaso alguno de tus adolescentes tardara en captar la idea, levanta una Biblia en alto.

Emplea cualquiera o todas las preguntas siguientes para medir los conocimientos y las opiniones que tus chicos tienen sobre el libro de Apocalipsis:

GUIÓN PARA EL LÍDER JUVENIL

- **¿Cuántos de ustedes han estudiado el libro de Apocalipsis anteriormente? ¿Qué opinión les mereció? ¿Qué consejo le darían a alguien que recién estuviera comenzando a estudiarlo?**
- **¿Cuántos de ustedes han intentado alguna vez simplemente leer el libro de Apocalipsis? ¿Cómo describirían este libro?**
- **Si alguien les preguntara de qué se trata el libro de Apocalipsis, ¿qué le responderían?**

Registra las respuestas de los adolescentes en una pizarra blanca o en un papel tipo afiche. Si alguno de tus chicos es fanático de los libros de la serie *Dejados Atrás*, prepárate para explicar la diferencia entre los acontecimientos descritos en esos libros (dicho de otro modo, las licencias poéticas que se tomaron los autores) y los sucesos que se describen en el libro de Apocalipsis.

Si descubres que tus chicos no tienen mucha experiencia previa u opiniones relativas al libro de Apocalipsis, dales un minuto o dos para probar lo que se siente. Distribuye Biblias y pídeles que busquen dentro de Apocalipsis tan rápido como puedan hasta encontrar un versículo que puedan entender, y un versículo al cual no le encuentren absolutamente ningún sentido. Solicita a un par de voluntarios que compartan sus descubrimientos con el grupo. Conversen brevemente acerca de algunas de las imágenes y pasajes raros que tus chicos encuentren.

Luego abre el paso para la siguiente sección diciendo algo como:

GUIÓN PARA EL LÍDER JUVENIL

Si Apocalipsis les parece a ustedes un libro raro, bienvenidos al club. Los estudiosos y teólogos han estado discutiendo por siglos acerca de cuál es realmente el significado de este libro y qué nos dice acerca del futuro. El motivo del debate resulta obvio cuando echas un vistazo a cómo escribió este libro el apóstol Juan.

Algunas partes de Apocalipsis parecen una novela de ciencia ficción. Otras partes parecen un guión para una película sobre catástrofes. Incluso otras partes parecen un himnario. Muy pocas partes están escritas en una manera directa, con lo cual la mayoría queda abierta a una gran cantidad de interpretaciones.

La buena noticia es que no necesitamos saber exactamente qué es lo que cada imagen en el libro representa o qué es lo que significa cada profecía, para descubrir algunas realidades acerca de nuestro futuro que pueden cambiar nuestras vidas.

DÁNDOLE AL LIBRO
UNA CARTA DE JUAN

Distribuye lapiceras y copias de **Una carta de Juan** (páginas 15-17) a tus adolescentes mientras se encuentra reunido todo el grupo. Luego, permíteles trabajar en grupos pequeños para completar las hojas. Además, por favor calcula cuánto tiempo crees que puede llevarle a tu grupo esta hoja de trabajo… siéntete libre de subrayar solo las preguntas clave y de eliminar otras. Ahora, tal vez desees emplear los siguientes comentarios en las discusiones sobre Apocalipsis 1:

GUIÓN PARA EL LÍDER JUVENIL
- **El hecho de que el libro de Apocalipsis es Palabra de Dios implica que es enteramente verdad. Puede que nosotros no seamos capaces de entender todo lo que contiene, pero sabemos que Dios va a llevar a cabo todo lo que dice que hará.**
- **El hecho de que Apocalipsis es Palabra de Dios también implica que es tan merecedor de nuestra atención como los libros aparentemente fáciles de la Biblia. En otras palabras, no podemos encogernos de hombros ante Apocalipsis por ser demasiado difícil y dejarlo ahí. Tenemos la responsabilidad de estudiarlo y comprenderlo lo mejor que podamos.**
- **Aunque este libro está dirigido a «las siete iglesias que están en la provincia de Asia» (y sin duda trata de algunos problemas específicos que estas estaban enfrentando o iban a enfrentar), sus verdades también se aplican a las vidas de los creyentes hoy en día.**
- **El libro de Apocalipsis no pretende responder todas las preguntas que podamos tener acerca del futuro… es meramente un adelanto de lo que se viene.**
- **A pesar del carácter perturbador de algunas imágenes y descripciones en Apocalipsis, el libro pretende proporcionar consuelo y**

seguridad a los creyentes. En última instancia el futuro descansa en las manos de nuestro Padre celestial.

QUE HAGA LA DIFERENCIA

ESTÁS EN BUENAS MANOS

Distribuye copias de **Estás en buenas manos** (página 18). Da a los chicos un par de minutos para completar la mitad superior de la hoja, y luego pide voluntarios para compartir con el grupo cuáles fueron los acontecimientos a los que otorgaron mayor puntaje y por qué. Luego puedes decir algo como:

GUIÓN PARA EL LÍDER JUVENIL

La razón por la cual Dios es capaz de revelarnos el futuro en su Palabra es que él es omnisciente (lo sabe todo). Él conoce exactamente cuándo va a ocurrir cada acontecimiento futuro y cuáles van a ser los resultados. A un nivel personal, él conoce cada decisión que vamos a enfrentar, así como cada posible desenlace. Además de eso, Dios es todopoderoso. Nada está fuera de su control… ni siquiera los sucesos futuros. Nada puede ocurrir si él no lo permite.

La frutilla del postre, sin embargo, es el hecho de que Dios nos ama, nos protege, y tiene cuidado de nosotros en modos que ni siquiera podemos imaginar. Pero no se fíen solo de que yo se los diga. Véanlo por ustedes mismos.

Pide nuevos voluntarios para leer los siguientes versículos:
- *Josué 1:5b* – «no te dejaré ni te abandonaré».
- **Mateo 11:28** – «Vengan a mí todos ustedes que están cansados y agobiados, y yo les daré descanso».
- *1 Pedro 5:7* – «Depositen en él toda ansiedad, porque él cuida de ustedes».

Luego continúa con algo como:

GUIÓN PARA EL LÍDER JUVENIL

Dios, aquel que tiene nuestro futuro en sus manos, nos invita a entregarle nuestros miedos y preocupaciones respecto del futuro, y a permitirle que él se ocupe de ellos. Esa es una gran oferta, ¡especialmente cuando tienes en cuenta que él es el único que puede hacer algo al respecto!

MÁS MÁS MÁS
Estás en buenas manos
Pregunta a tus adolescentes cómo se sienten con respecto al futuro. En lugar de que te respondan con la boca, sin embargo, permíteles que lo hagan con sus pies.

Establece un continuum imaginario en el salón de reuniones. Anuncia que una pared representa *Emoción y Entusiasmo Totales* mientras que la pared al otro extremo de la habitación representa *Miedo y Angustia Totales*. Pide a los chicos que se coloquen en la parte del continuum que represente sus verdaderos sentimientos. Pide a varios adolescentes, especialmente a aquellos más cerca de cada extremo, que expliquen sus respuestas.

Indica a los chicos que vuelvan a mirar sus hojas de **Estás en buenas manos** y que elijan un punto de la lista de preocupaciones acerca del futuro (el que hayan marcado como que les causaba más ansiedad) y que realmente lo coloquen en las manos de Dios, escribiéndolo en el dibujo que se encuentra en la mitad inferior de la hoja. Puedes permitir un tiempo personal de oración en silencio, en el que cada uno pueda poner sus ansiedades y angustias en las manos del Padre celestial. Concluye la lección pidiendo a algunos voluntarios que compartan brevemente lo que significa poner una preocupación en las manos de Dios y cómo debería esto afectar nuestros sentimientos al respecto.

UNA CARTA DE JUAN

Lee los pasajes de las Escrituras que se indican, y luego responde las preguntas que siguen. (Esto no es un examen, ¡puedes volver a mirar los versículos tantas veces como lo necesites!)

APOCALIPSIS 1:1-3

1. ¿Qué fue lo que hizo Dios para hacerle saber a Juan que la visión que estaba a punto de ver no era un sueño común y corriente?

2. ¿Qué significa para nosotros el saber que las palabras en el libro de Apocalipsis son de hecho palabras de Dios?

3. ¿Cómo puede ser bendecida una persona por leer el libro de Apocalipsis?

4. Da un ejemplo de cómo puede una persona hacer caso de lo que está escrito allí.

5. ¿Qué es lo que pasa por tu mente cuando ves una frase como «el tiempo ... está cerca» en el versículo 3?

APOCALIPSIS 1:4-8

6. La época en que se escribió Apocalipsis no era una buena época para ser cristiano. Los romanos creían que su emperador era el Señor, y perseguían a aquellos que creyeran otra cosa. En esos tiempos muchos cristianos eran torturados y ejecutados por causa de su fe. Los creyentes que se reunían en las iglesias lo hacían bajo su propio riesgo. Describe cómo crees que habrá sido el ser una de las personas en las siete iglesias mencionadas en el versículo 4.

7. ¿Cómo supones que se habrán sentido las siete iglesias al recibir una carta de uno de los amigos más cercanos de Jesús?

8. ¿Por qué piensas que Juan mencionó tan rápido el regreso de Jesús en el versículo 7?

9. ¿Cómo crees que se sentían los creyentes en los tiempos de Juan respecto de la idea de que Jesús volviera?

APOCALIPSIS 1:9-20

10. Juan fue el único de los 11 discípulos fieles de Jesús que no fue ejecutado por causa de sus creencias. En lugar de esto, fue desterrado a la isla de Patmos. Basado en su experiencia, ¿a qué clase de «perseverancia» piensas que se estaba refiriendo en el versículo 9?

11. ¿Por qué es la perseverancia importante para los creyentes aún hoy?

12. ¿Por qué piensas que Dios le dio a Juan (y a todos los creyentes) vistazos fugaces del futuro?

ESTÁS EN BUENAS MANOS

Califica cada uno de estos acontecimientos futuros en una escala del 1 al 10, basándote en cuánta ansiedad o preocupación te causan. (Con 1 significando que nunca siquiera se te cruzó por la cabeza, y 10 significando que estás hecho una bola de nervios al respecto.)

_____ **Encontrar un novio o una novia**

_____ **Graduarte del colegio secundario**

_____ **Entrar a la universidad correcta**

_____ **Elegir la carrera correcta**

_____ **Conseguir un buen trabajo**

_____ **Encontrar un esposo o una esposa**

_____ **Perder a un ser querido**

_____ **Envejecer**

_____ **Morir**

_____ Otro acontecimiento que te cause ansiedad: _____

_____ Otro acontecimiento que te cause ansiedad:_____

UN JESÚS TRANSFORMADO

DE UN BOCADO

Las personas que imaginan a Jesús como simplemente un manso y bondadoso maestro probablemente se sorprendan al verlo como el rey glorificado que regresa a la tierra para el enfrentamiento final entre el bien y el mal.

PUNTAPIÉ INICIAL – OPCIÓN 1
IRRECONOCIBLE, ASÍ ESTÁS

Telefonea a varios de tus chicos antes de la reunión y pídeles que traigan fotografías de ellos mismos en las cuales no estén inmediatamente reconocibles. Fotografías de cuando eran bebés funcionarán bien, especialmente si han cambiado bastante desde la infancia. También funcionará si traen fotografías de ellos mismos disfrazados, o fotografías en las que no se ven muy claros ciertos rasgos. Si tienes algunos aficionados a la fotografía en el grupo, puedes pedirles que se saquen sus propias fotografías especialmente «camuflados» para la actividad.

Recoge las fotografías y colócalas por toda la habitación (usando un poco de cinta adhesiva por detrás, para no arruinarlas) junto con una etiqueta en la que escribirás un número que identifique a cada una. Entrega a tus chicos papel y lapiceras o lápices, y permíteles algunos minutos para examinar la colección y escribir sus intentos de adivinar quién es quién en cada fotografía.

Lo que necesitarás
- Biblias
- Lapiceras o lápices
- Fotografías de tus adolescentes (optativo)
- Cinta adhesiva (optativo)
- Etiquetas para las fotografías (optativo)
- Un papel para cada chico (optativo)
- Maquillaje (optativo)
- Materiales, disfraces, sombreros, u otros elementos para disfrazarse (opcional)
- Pizarra blanca y marcadores
- Copias de **El verdadero tú** (página 24), una para cada adolescente
- Copias de **El verdadero Mesías: ¿Qué cosas hizo Jesús?** (página 25-26), una para cada adolescente
- Copias de **El verdadero Mesías: ¿Jesús, eres tú?** (páginas 26-28), una para cada adolescente
- Tarjetas
- CDs de adoración
- Reproductor de CD

Luego de una breve puesta en común, realiza la transición hacia la lección empleando preguntas como:

GUIÓN PARA EL LÍDER JUVENIL
- **¿Podría alguien que no te ha visto en los últimos 10 años reconocerte hoy? ¿Por qué sí o por qué no?**
- **¿Podremos nosotros mismos reconocernos unos a otros dentro de 10 años? ¿Y que tal dentro de 50 años?**
- **¿Creen ustedes que reconocerían a Jesús si él regresara hoy? ¿Por qué sí o por qué no?**

PUNTAPIÉ INICIAL – OPCIÓN 2
MAQUILLAJE
Divide al grupo en equipos de a cuatro chicos. Explica que una persona de cada equipo será el modelo, y los otros tres los artistas maquilladores. El objetivo es que los artistas transformen al modelo para que quede tan irreconocible como sea posible. Entrégale a cada equipo una provisión de maquillaje y materiales o telas para disfrazarse. Cuando se acabe el tiempo, pídele a cada modelo que desfile frente al grupo y haz que los adolescentes voten para decidir quién estaba más irreconocible.

Emplea preguntas como las siguientes para dar paso a la lección:

GUIÓN PARA EL LÍDER JUVENIL
- **¿Les ocurrió alguna vez el toparse con alguien que conocían pero a quien no reconocieron inmediatamente? Si así fue, describan lo que ocurrió. ¿Por qué les resultó tan irreconocible la persona?**
- **¿Les ocurrió alguna vez el toparse con alguien que conocían, pero que la persona no los reconociera a ustedes inmediatamente? Si así fue, describan lo que ocurrió. ¿Por qué le resultaron ustedes tan irreconocibles a esa persona?**
- **Si estuvieran buscando a Jesús entre una multitud, ¿piensan que serían capaces de reconocerlo? Si piensan que sí, ¿en qué se fijarían para hacerlo? Si piensan que no, ¿por qué?**

ENTRANDO EN TEMA
EL VERDADERO TÚ
Distribuye lápices y copias de **El verdadero tú** (página 24). Luego de algunos minutos, solicita voluntarios para compartir sus respuestas con el grupo. Registra las respuestas de los voluntarios en una pizarra o en un papel tipo afiche para poder consultarlos fácilmente luego. Emplea cual-

quiera o todas las siguientes preguntas para guiar la discusión acerca de esta hoja:

GUIÓN PARA EL LÍDER JUVENIL

- **¿Cómo explican el hecho de que las personas tengan miradas y opiniones tan diferentes con respecto a cómo son ustedes?**
- **¿Quién los conoce mejor que nadie? ¿Por qué?**
- **Si alguien se preguntara cómo son ustedes realmente, ¿cómo le recomendarían ustedes que lo averiguara?**
- **Mencionen algo acerca de ustedes mismos que aquellas personas que no los conocen bien se sorprenderían de enterarse.**
- **¿Tienen muchas personas impresiones equivocadas acerca de cómo son ustedes? ¿Por qué sí o por qué no?**
- **¿Tienen ustedes muchas impresiones equivocadas acerca de cómo son otras personas? ¿Por qué sí o por qué no?**

Si nadie más lo menciona, señala que en ocasiones nosotros les ocultamos a las personas ciertos aspectos de nuestra personalidad, en un esfuerzo por hacerles creer que somos algo que en verdad no somos. En otros casos, puede que a las personas les cueste cambiar las primeras impresiones que tuvieron de nosotros, sin importar cuán erradas sean esas impresiones. Algunas personas basan sus opiniones acerca de nosotros en lo que otros les dicen, en lugar de descubrir por sí mismos cómo es que somos en realidad. Si tus adolescentes son tímidos, tal vez puedas echar a andar la conversación compartiendo alguna cuestión poco conocida acerca de ti mismo… cuanto más sorpresa cause, mejor. Tu disposición para ser abierto y vulnerable frente al grupo seguramente ayudará mucho en alentar a tus chicos a hacer lo mismo.

DÁNDOLE AL LIBRO
EL VERDADERO MESÍAS

Distribuye lapiceras y copias de **El verdadero Mesías: ¿Qué cosas hizo Jesús?** (páginas 25-26) a tus adolescentes mientras se encuentra reunido todo el grupo… luego permíteles trabajar en grupos pequeños para completar la hoja. Además, por favor calcula cuánto tiempo crees que puede llevarle a tu grupo esta hoja de trabajo… siéntete libre de subrayar solo las preguntas clave y de eliminar otras.

Si piensas que tus chicos pueden sentirse acomplejados por su falta de conocimientos acerca de Jesús, permíteles trabajar en parejas para completar la hoja. Cuando finalicen, revela las respuestas correctas: *1-a; 2-b; 3-a; 4-d; 5-a*. Pregúntales a tus adolescentes cuál sería su impresión acerca

MÁS MÁS MÁS
El verdadero tú
Puedes convertir la actividad de El verdadero tú en un juego, pero tú o un par de tus chicos tendrán que hacer un poco de periodismo de investigación primero. Escoge a tres o cuatro adolescentes para investigarlos. Realiza algunos breves reportajes para cada chico (si es posible, en video) con conocidos, amigos cercanos, hermanos, y padres. Pídele a cada uno que te dé tres descripciones del adolescente en cuestión. (Ten cuidado de que no sean cosas que puedan avergonzar a los chicos.) Una vez que tengas todas las respuestas (ya sea en papel o en video), puedes hacer que cada chico adivine lo que la gente dijo acerca de él. O, leyendo o viendo las descripciones, que el grupo adivine a qué chico o chica se refiere cada una.

de Jesús si todo lo que supieran de él fueran las cinco cosas que aparecen en esta hoja. Complementa las respuestas de tus chicos según sea necesario, señalando que Jesús parece pasivo, manso, y tal vez incluso un poco débil en las situaciones que se mencionan en esta hoja. Luego haz preguntas como:

GUIÓN PARA EL LÍDER JUVENIL

- **¿Es este un retrato fiel de Jesús? ¿Por qué sí o por qué no?**
- **¿Cuáles son otras impresiones erróneas que las personas tienen acerca de Jesús?**
- **¿Hay algo dañino o malo en tener una visión incompleta de cómo es Jesús? Expliquen sus respuestas.**

Si nadie más lo menciona, señala que el Jesús que se pinta en el cuestionario (y a menudo en los medios), el maestro y filósofo sensible y cero agresivo, es alguien a quién ciertamente uno respetaría y admiraría, pero no necesariamente alguien a quién uno adoraría.

Distribuye lápices o bolígrafos con copias de **El verdadero Mesías: ¿Jesús, eres tú?** (páginas 26-28). Permite a tus adolescentes trabajar en pequeños grupos para completar la hoja. Tal vez desees emplear los siguientes comentarios para complementar la discusión sobre Apocalipsis 1, 5, y 19:

GUIÓN PARA EL LÍDER JUVENIL

- **Demasiado a menudo Jesús es subestimado como un manso y bondadoso maestro y filósofo que andaba por el mundo desparramando gozo, alegría, y sanando con su mensaje de amor y no violencia… como una especie de gurú de la nueva era o algo así. Aunque ciertamente hay elementos de verdad en esa descripción, no alcanza ni remotamente a transmitir quién es Jesús verdaderamente o cómo es él en realidad.**
- **Cuando Jesús regrese, lo hará como el rey vencedor. Su poder y venganza serán tan grandes que nadie ni nada se le podrán oponer.**
- **Los testigos en el cielo que se describen en Apocalipsis 5 ofrecen la única reacción lógica posible frente a Jesús: ellos se postran y lo adoran con todo lo que tienen.**

QUE HAGA LA DIFERENCIA
IMPOSIBLE NO ADORARLO

Pon a los chicos a pensar respecto de sus propias motivaciones para la adoración, empleando preguntas como:

MÁS MÁS MÁS
El verdadero Mesías
Si no tienen tiempo para completar la hoja de **El verdadero Mesías: ¿Qué cosas hizo Jesús?**, intenta hacer que tus adolescentes compartan sus opiniones acerca de cómo son realmente ciertas celebridades. Menciona un nombre y espera las respuestas de tus chicos. Tu lista de celebridades puede incluir actores conocidos, atletas, músicos, el presidente, etc. El último nombre en esta lista debería ser Jesucristo.

GUIÓN PARA EL LÍDER JUVENIL

- **¿Tuvo alguno de ustedes alguna vez una reacción frente a Jesús similar a aquella de los testigos en el cielo en Apocalipsis 5... una situación en la que simplemente los abrumaron sus sentimientos hacia él?** *(Si tú has tenido una experiencia como esta, compártela con el grupo. Luego pide algunos voluntarios para que compartan las suyas.)*
- **¿Qué significa para ustedes la adoración?**
- **¿Cuál es la actitud perfecta que uno debería tener durante la adoración?**
- **¿Cuáles son algunos de los obstáculos que pueden entorpecer la verdadera adoración?**
- **¿Qué podemos hacer para evitar o para superar esos obstáculos?**

Distribuye tarjetas y algo para escribir. Pide a los chicos que escriban tres razones por las cuales Jesús se merece su adoración. Pídeles que no intenten escribir las típicas respuestas de Escuela Dominical, como por ejemplo: «Él es bueno». En lugar de esto, aliéntalos a que piensen en términos de sus vidas personales, como por ejemplo: «Él me ha dado la fuerza necesaria para superar ciertos hábitos dañinos». Para crear un clima que los ayude, pon música de adoración de fondo mientras tus chicos trabajan. Pide a algunos voluntarios que compartan sus respuestas con el grupo.

Mientras concluyes la reunión, anima a tus adolescentes a tener sus propios momentos privados de adoración durante la semana que comienza, enfocando su atención (aunque sea por unos pocos minutos cada vez) en Jesús, y dándole a él la alabanza y la gloria que él se merece.

GUIÓN PARA EL LÍDER JUVENIL

- **¿Contra qué o contra quién está peleando la guerra Jesús en Apocalipsis 19?**
- **Si Jesús es un guerrero, ¿qué implicancias tiene esto para aquellos que lo siguen?**
- **¿Cuáles son las batallas cotidianas que peleamos nosotros como cristianos? ¿Qué armas tenemos para pelearlas?**

MÁS MÁS MÁS

Imposible no adorarlo
El tema de la adoración será tratado en detalle en la lección 5... y, de hecho, será tratado a todo lo largo de este estudio. Si prefieres usar una aplicación diferente para esta lección, enfócate en la descripción que se hace de Jesús como un guerrero en Apocalipsis 19:11-21.

Emplea preguntas como las siguientes para poner a tus chicos a pensar sobre este tema:

Pide a un voluntario que lea Efesios 6:10-18. Piensen entre todos, como grupo, en un plan de batalla para lidiar con la tentación, las dudas, el miedo, la persecución, y otros desafíos que enfrentamos cada día. Conversen acerca de cómo pueden incorporarse al plan la verdad, la justicia, la buena disposición, la paz, la fe, la Palabra de Dios, y la oración.

Mientras concluyes la reunión, pide a los adolescentes que escriban una especie de diario durante la semana que comienza, registrando las batallas que les toca enfrentar, sus estrategias para enfrentarlas, y los resultados (tanto buenos como malos) de sus batallas.

EL VERDADERO TÚ

Para cada una de las siguientes categorías, escribe algunas palabras clave que piensas que esa persona podría usar para describirte.

- Un conocido no muy íntimo (tal vez un compañero de clase, o de trabajo, o un miembro del grupo de jóvenes que no te conozca tan bien)

- Un amigo cercano

- Tu hermano o hermana (si no tienes, entonces tu mejor amigo en todo el mundo)

- Tu padre o tu madre (aquel con quien tengas más intimidad)

- Tú mismo

EL VERDADERO MESÍAS:
¿QUÉ COSAS HIZO JESÚS?

¿Cuán bien conoces al Hijo de Dios? He aquí una oportunidad de poner a prueba tus conocimientos. Es selección múltiple, ¡así que tienes al menos un 25% de probabilidades de contestar bien cada pregunta!

1. **¿Qué fue lo que Jesús les dijo a sus seguidores que hicieran cuando alguien los golpeara?**
   a. Ofrecerle a la persona una oportunidad para golpearlos nuevamente.
   b. Orar para que Dios se vengue de la persona.
   c. Llevar a la persona delante de un tribunal y dejar que un juez decida sobre el asunto.
   d. Devolverle el golpe a la persona exactamente con la misma fuerza con la que esta los golpeó… pero no más fuerte que eso.

2. **¿Cómo batalló Jesús con Satanás cuando el maligno intentó tentarlo?**
   a. Le ordenó a la tierra que se tragara a Satanás.
   b. Citó la Palabra de Dios.
   c. Condenó a Satanás a arder en el infierno por toda la eternidad.
   d. Oró para que el arcángel Miguel lo defendiera.

3. **Cuando Jesús estaba siendo juzgado y se estaba decidiendo acerca de su vida, ¿qué fue lo que hizo él en el momento en que los líderes religiosos judíos trajeron testigos falsos para mentir en contra suyo?**
   a. Ni siquiera se molestó en responder a las mentiras.
   b. Rebatió cada mentira con la verdad acerca de lo que él realmente había hecho y dicho.
   c. Les advirtió que los mentirosos finalmente sufrirán en el fuego del infierno.
   d. Les dijo a los falsos testigos que él los perdonaba, pero les advirtió a los fariseos que ellos nunca serían perdonados.

4. ¿Cómo reaccionó Jesús ante el grupo de soldados romanos que se burlaron de él y lo golpearon y robaron sus ropas antes de su ejecución?

a. Les dio tres oportunidades para detener sus abusos antes de dar la orden de que bajara fuego del cielo y los consumiera.

b. Hizo que se quedaran ciegos… al menos temporalmente.

c. Los acusó con un oficial superior, quien hizo que los metieran a la cárcel.

d. Permitió que hicieran todo esto sin levantar ni un dedo para defender- se.

5. ¿Cómo respondió Jesús al ladrón que lo desafió a liberarse a sí mismo y a sus compañeros de crucifixión y a bajarse de la cruz?

a. Permitió que otro prisionero crucificado lo defendiera.

b. Liberó a los dos prisioneros, pero él se quedó para ser crucificado.

c. Habló ásperamente al hombre acerca de su falta de fe.

d. Solicitó que alejaran su cruz de la del ladrón discutidor para poder pa- sar sus últimas horas en la tierra en oración con su Padre celestial.

EL VERDADERO MESÍAS: ¿JESÚS, ERES TÚ?

Lee cada pasaje y responde las preguntas que siguen.

APOCALIPSIS 1:12-20

1. ¿Qué impresión te produce la persona que describe Juan?

2. Hay mucho simbolismo en Apocalipsis. ¿Qué simbolizan las siguientes descripciones?

- *cabellera blanca como la lana y como la nieve*

- *ojos resplandecientes como la llama del fuego*

- *pies como bronce que arde en un horno*

- *voz como el estruendo de una catarata*

- *una espada aguda y de doble filo saliendo de su boca*

3. ¿Qué significa que aquel a quién se describe en el pasaje tiene a las siete iglesias en sus manos (ver versículos 16 y 20)?

4. ¿Cuál fue la reacción de Juan frente a la persona que le hablaba?

5. ¿Cómo reaccionarías tú si vieras a la persona que describe Juan parada justo a tu lado?

6. ¿Qué significa que esta persona es «el Primero y el Último» (versículo 17)?

APOCALIPSIS 5:1-14

7. *Un anticipo:* La apertura de los sellos en el rollo en el versículo 1 da inicio a terribles juicios sobre la tierra. (Para más detalles, ver Apocalipsis 6.) ¿Por qué no había nadie en el cielo ni en la tierra que fuera digno de abrir el rollo?

8. ¿Por qué estaba angustiado Juan cuando nadie abría el rollo?

9. ¿Qué impresión te produce el Cordero descrito en el versículo 6?

10. En la Biblia el número siete representa la perfección, la plenitud, o la completitud. El cuerno es un antiguo símbolo judío que significa poder o fuerza. Con esto en mente, ¿cómo explicarías la descripción que se hace del Cordero en el versículo 6?

11. ¿Por qué es el Cordero el único digno de abrir los sellos en el rollo?

12. ¿Cuál es la reacción de las personas, los ángeles y los seres en el cielo frente al Cordero?

APOCALIPSIS 19:11-21

13. ¿Qué impresión te produce el Jinete que se describe en este pasaje?

14. ¿Te animarías tú a intentar batallar contra los ejércitos del cielo?

15. Describe cómo te imaginas tú la batalla entre los ejércitos del cielo y los ejércitos de la tierra.

16. ¿Qué nos indica respecto al resultado de la batalla el hecho de que el ángel llame a todas las aves que vuelan en el cielo en los versículos 17 y 18?

17. Describe cómo te imaginas tú el juicio que viene después de la batalla.

18. ¿Cómo emplearías este pasaje para responder a aquellos cristianos que se sienten frustrados y desalentados por el mal que ven a su alrededor?

LA PREGUNTA MÁS IMPORTANTE

¿Qué es lo que tienen en común el Hijo del hombre en Apocalipsis 1, el Cordero en Apocalipsis 5, y el Jinete sobre el caballo blanco en Apocalipsis 19?

SI NO PUEDES DECIR NADA BUENO...

Lo que necesitarás

- Biblias
- Bolígrafos o lápices
- Materiales o accesorios para los desafíos (optativo)
- Cronómetro (optativo)
- Tiras de papel con desafíos escritos en ellas (optativo)
- Caja o un sombrero para colocar los desafíos (optativo)
- Una lista de verdades (relevantes para esta lección) para que los adolescentes revelen (optativo)
- Un breve cuestionario tipo selección multiple (personalizado para tu salón de reuniones o para tu entorno) para cada adolescente
- Diversos premios tontos o divertidos para otorgar a los ganadores del cuestionario
- Tarjetas en blanco, una para cada adolescente
- Copias de **En las buenas y en las malas** (páginas 34-35), **una para cada adolescente**
- Copias de **Una carta de Jesús para mí** (página 36), una para cada adolescente

DE UN BOCADO

Para Jesús no existe tal cosa como un cristiano que lo sigue solo en las buenas... Él espera de sus seguidores un compromiso total.

PUNTAPIÉ INICIAL – OPCIÓN 1

¿DÓNDE TRAZAS LA LÍNEA?

Esta actividad es una flagrante copia de... quiero decir, es un *sentido homenaje a*... todos esos programas de televisión en los que la gente se anima a hacer cualquier cosa (cosas dolorosas, cosas arriesgadas, cosas locas, ¡de todo!). Si nunca has visto uno de estos programas, son básicamente una versión llevada al extremo del juego «Verdad o Consecuencia» (también conocido como «Verdad o Reto», o «Verdad o Atrevimiento»), pero sin la opción de la verdad. A los concursantes se les presentan desafíos que ponen a prueba su coraje y su disposición para soportar cosas desagradables. Aquellos que atraviesan con éxito cada desafío pasan al próximo, hasta que queda solo una persona.

El sentido común y los alcances de la póliza de seguros de tu iglesia te impedirán hacer cosas genuinamente riesgosas con tus adolescentes. Pero con un poco de creatividad, igual puedes inventar algunos desafíos que pongan a prueba su determinación, si no su coraje. Por ejemplo, podrías pedir a los participantes que:

- Coman dulces cuyo relleno ha sido sustituido por ají picante.
- Canten «Estrellita, ¿dónde estás?» o alguna otra canción infantil

mientras danzan como bailarinas (usando medias largas, tutús, y zapatillas de baile).
- Empleando solo sus dientes, saquen 10 ciruelas pasas del fondo de un recipiente grande lleno de ketchup y mostaza… y luego se coman las ciruelas pasas.
- Coman una lata entera de anchoas cada uno.
- Se cubran el pelo con mayonesa.

Si ves que el proceso de eliminación no está yendo tan rápido como quisieras, fija un límite de tiempo para cada desafío y elimina a aquellos que no lo terminen dentro de ese tiempo. Tal vez desees emplear las siguientes preguntas para ayudar a pasar de la actividad a la discusión:

GUIÓN PARA EL LÍDER JUVENIL
- **¿Cuáles son algunos de los desafíos que les toca a ustedes enfrentar cotidianamente? ¿En qué modo se comparan con los desafíos que enfrentaron en el juego?**
- **¿Consideran ustedes que su fe cristiana es un desafío? ¿Por qué sí o por qué no?**
- **Ya hemos visto cuán lejos están dispuestos a ir en un juego como este, pero ¿cuán lejos están dispuestos a ir en sus vidas cristianas?**

PUNTAPIÉ INICIAL – OPCIÓN 2
Verdad o Consecuencia
Jueguen una ronda (o un par de rondas, dependiendo del tamaño de tu grupo) de «Verdad o Consecuencia» (también conocido como «Verdad o Reto», o «Verdad o Atrevimiento»). Asegúrate de que cada adolescente tenga al menos una oportunidad de escoger entre responder una pregunta con completa honestidad (la Verdad) y realizar alguna cosa tonta (la Consecuencia). Haz que los chicos que eligen «Consecuencia» extraigan trozos de papel de una caja o sombrero, y luego realicen lo que indica el papel. Estas acciones deberían ser levemente embarazosas, pero nada demasiado personal o humillante. Por ejemplo, podrías desafiar a tus adolescentes a que:
- imiten a una celebridad determinada durante treinta segundos
- tomen leche de fórmula para bebés, de un biberón
- permitan que otro chico del grupo los maquille y los peine a su gusto

Asegúrate de que al menos algunas de las preguntas de «Verdad» se relacionen con el tema de la lección de una forma u otra. Por ejemplo, podrías pedir a los adolescentes que:

- compartan tres cosas con las que se hayan comprometido
- describan cómo piensan que es un compromiso genuino con Cristo
- hablen acerca de algún obstáculo que haya afectado negativamente su compromiso personal con Cristo

Tal vez desees emplear las siguientes preguntas para realizar la transición entre la actividad y la discusión:

GUIÓN PARA EL LÍDER JUVENIL

- **¿Alguna vez les ocurre en la vida real esto de ser desafiados a decir la verdad? ¿Y les ocurre alguna vez esto de ser desafiados a hacer algo que realmente no desean hacer?**
- **¿Consideran ustedes que su fe cristiana es un desafío? ¿Por qué sí o por qué no?**
- **Ya hemos visto cuán lejos están dispuestos a ir en un juego como este, pero ¿cuán lejos están dispuestos a ir en sus vidas cristianas?**

ENTRANDO EN TEMA
COMPROMETERSE O NO COMPROMETERSE, ESA ES LA CUESTIÓN

Prepara un breve cuestionario para que tus adolescentes completen. Las preguntas deberían involucrar información que se encuentre disponible para tus chicos si ellos miran a su alrededor en el salón de reuniones o en los alrededores de la iglesia. Además, el cuestionario debe ser de tipo selección múltiple, para que si los chicos no tienen ganas de investigar para descubrir las respuestas, pueden intentar adivinando.

He aquí algunos ejemplos de preguntas que podrías utilizar:

GUIÓN PARA EL LÍDER JUVENIL

- **¿Cuántos tomacorrientes hay en esta habitación?**
- **¿Cuántos espacios para estacionar hay pintados en la playa de estacionamiento de la iglesia?**
- **De acuerdo al manual de instrucciones, ¿cuál es la cantidad mínima de aceite que se recomienda que tenga un Honda Civic modelo 1993?** (Si emplearas esta pregunta, deberías asegurarte de tener un Honda Civic '93 estacionado cerca, con las puertas sin trabar y con un manual de instrucciones en la guantera, para aquellos chicos que decidan investigar.)
- **¿Cuál es la última canción en el himnario de nuestra iglesia?** (Obviamente, esta pregunta solo funciona si tu iglesia utiliza himnarios... o tal vez quieras utilizar esta como una pregunta con trampa.)

MÁS MÁS MÁS
Comprometerse o no comprometerse, esa es la cuestión
Recluta un par de amigos cristianos o un par de miembros de la iglesia para que asistan a la reunión y compartan brevemente sus testimonios con el grupo. Pídeles que se enfoquen especialmente en el arduo camino que tuvieron que atravesar para desarrollar un compromiso genuino en su caminar con Cristo... cosas que tuvieron que resignar, cómo lo hicieron, cómo se sintieron al respecto, cómo afectó su popularidad, y cómo se sienten respecto de estas decisiones al día de hoy. Anímalos a que no endulcen la verdad ni minimicen los efectos de un compromiso genuino con Jesucristo.

Trata de inventar entre 5 y 10 preguntas, dependiendo del tiempo y recursos que tengas disponibles. Permite a los adolescentes trabajar en parejas o en grupos pequeños para completar el cuestionario. Cuando hayan finalizado, revela las respuestas. Luego otorga premios... pero no a aquellos con la mayor cantidad de respuestas correctas, sino a aquellos que se hayan esforzado más en la actividad.

Tal vez desees emplear las siguientes preguntas para discutir sobre la actividad:

GUIÓN PARA EL LÍDER JUVENIL

- **En una escala del 1 al 10 (siendo 1 no esforzarse para nada y 10 dar todo lo que tenían), ¿cuánto esfuerzo pusieron en completar el cuestionario?** (De ser posible, pide explicaciones tanto a aquellos que siguieron cada pista hasta arribar a una conclusión lógica, como a aquellos que jamás se levantaron de sus asientos. Es probable que algunos adolescentes reconozcan haberse esforzado por la promesa de un premio o simplemente por la emoción de la competencia.)
- **Si esta hubiera sido, digamos, una carrera de relevos, ¿hubieran puesto más o menos esfuerzo en ella?** (Prepara una lista de diferentes actividades –de todo, desde levantar pesas hasta lavar un automóvil o escoger qué ropa se pondrán para una cita– y pide a los adolescentes que griten «más» o «menos» para indicar cuánto esfuerzo relativo pondrían en cada actividad.)
- **¿Cuáles son las situaciones que sacan lo mejor de ustedes o que los inspiran a dar su mayor esfuerzo? ¿Por qué?**
- **Empleando la misma escala que utilizamos anteriormente, ¿cuánto esfuerzo dirían ustedes que ponen en vivir una vida que sea fiel y obediente a Cristo?** (Alienta a que algunos voluntarios respondan, pero no fuerces a nadie a que comparta si no lo desea.)
- **¿Por qué piensan que sucede esto?** (Una vez más, alienta las respuestas honestas, pero no pongas a nadie en una silla de interrogatorio.)

DÁNDOLE AL LIBRO

EN LAS BUENAS Y EN LAS MALAS

Distribuye lápices y copias de **En las buenas y en las malas** (páginas 34-35) a tus adolescentes mientras se encuentra reunido todo el grupo. Luego permíteles trabajar en grupos pequeños para completar la hoja. Además, por favor calcula cuánto tiempo crees que puede llevarle a tu grupo esta hoja de trabajo. Siéntete libre de subrayar solo las preguntas clave y de eliminar otras. Cuando todos hayan terminado, pide algunos voluntarios para compartir sus respuestas.

Tal vez desees emplear los siguientes comentarios para complementar la discusión sobre Apocalipsis 2:

GUIÓN PARA EL LÍDER JUVENIL
- **Dios no promete en ninguna parte de la Biblia una vida fácil para aquellos que lo siguen. De hecho, vivir el tipo de vida que Jesús invita a sus seguidores a vivir invita a la persecución.** (NOTA: Debatan sobre qué es y qué significa la persecución. Puedes referirte a los distintos tipos de persecución que los cristianos han sufrido a lo largo de los siglos.)
- **El hecho de que enfrentemos dificultades por ser cristianos no es algo para andarse quejando... es algo para celebrar.**
- **No hay escasez de personas que estén listas para decirnos qué cosas está bien que hagamos y que toleremos y que disfrutemos como cristianos. Sin embargo, tenemos que tener cuidado con a quién escuchamos. Los falsos maestros son tan peligrosos hoy como lo eran en los tiempos de Jesús.**
- **Aunque es cierto que Jesús no promete unas vacaciones permanentes a aquellos que lo siguen, sí promete recompensar eternamente a aquellos que permanecen fieles a él.**

QUE HAGA LA DIFERENCIA
UNA CARTA DE JESÚS PARA MÍ
Distribuye copias de **Una carta de Jesús para mí** (página 36). Enfatiza el hecho de que no hay respuestas correctas o erróneas con las cuales completar la carta. Esto se trata simplemente de los detalles de su relación personal con Dios. Si tienes algunos voluntarios que se sientan cómodos compartiendo algunas de sus respuestas, permíteles que lo hagan. También puedes animar a tus chicos a que coloquen sus cartas en algún lugar visible de sus habitaciones... o en cualquier lugar donde les sirvan como recordatorio de las cosas que están haciendo bien y de las cosas en las que necesitan trabajar en su relación con Cristo y en su compromiso hacia él.

EN LAS BUENAS Y EN LAS MALAS

Lee los pasajes de Apocalipsis y responde las preguntas que siguen. Observa las cuatro iglesias que se señalan en las Escrituras.

APOCALIPSIS 2:1-7

1. ¿Cómo te hace sentir el saber que Jesús conoce nuestros actos, las cosas que hacemos y las que no hacemos, cada día? ¿Qué crees que deberíamos hacer respecto de estos sentimientos?

2. ¿Qué significa tolerar a una persona malvada (versículo 2)?

3. ¿Por qué es peligroso para nuestro compromiso con Cristo el tolerar a personas malvadas?

4. Los nicolaítas (versículo 6) eran personas que se llamaban a sí mismos cristianos pero que creían que tenían la libertad de hacer lo que se les antojara. ¿Por qué detestaba Jesús sus prácticas?

5. ¿Cuáles son algunas de las cosas que los cristianos deben vencer (versículo 7) si es que desean permanecer fieles a Cristo?

6. ¿Cómo resumirías los sentimientos de Jesús hacia la iglesia de Éfeso?

APOCALIPSIS 2:8-11

7. Describe algún momento en el que hayas sufrido persecución por motivo de tu fe cristiana.

8. Sé honesto aquí: Si existiera la posibilidad de que te encarcelaran y te ejecutaran por ser cristiano, ¿cambiaría esto el modo en que vives tu vida? ¿Por qué sí o por qué no?

9. Si fueras un miembro de la iglesia de Esmirna, ¿cómo te sentirías luego de las palabras de aliento de Jesús?

10. ¿Qué consejo le darías a un cristiano que está luchando para perseverar durante tiempos difíciles?

APOCALIPSIS 2:12-17

11. La frase de Jesús «donde Satanás tiene su trono» (versículo 13) se refiere al hecho de que Pérgamo era el centro de adoración al emperador en Asia. ¿Qué evidencias ves tú en el mundo de que el reinado de Satanás es aún fuerte hoy en día?

12. Balaam era un falso maestro que guiaba a los israelitas a alejarse de Dios. ¿Cuáles son algunos ejemplos de falsos maestros o de falsas enseñanzas que alejan a los cristianos de Dios hoy en día?

13. ¿Cómo resumirías los sentimientos de Jesús hacia la iglesia en Pérgamo?

APOCALIPSIS 2:18-29

14. ¿A qué se refiere Jesús con las siguientes palabras en el versículo 19?
- *obras*
- *amor*
- *fe*
- *servicio*
- *perseverancia*

15. ¿Qué nos dice la advertencia de Jesús en los versículos 20 al 23 acerca de sus sentimientos respecto de los falsos maestros?

16. ¿Qué es lo que los cristianos deben retener con firmeza hasta que Jesús regrese?

17. ¿Cuál es la recompensa para los cristianos que permanecen fieles en las buenas y en las malas?

UNA CARTA DE JESÚS PARA MÍ

Ya has visto lo que Jesús tenía para decirles a las personas en Éfeso, Esmirna, Pérgamo y Tiatira. ¿Qué te diría él a ti? Completa los espacios en blanco aquí debajo para tener una idea de cómo podría ser una carta de Jesús para ti. Si no te sientes cómodo de escribir información personal donde otro podría verla, emplea iniciales o algún código que tú solo puedas comprender.

Para mi siervo _____:

Estas son las palabras de aquel que lo ve todo. Sé que has enfrentado situaciones difíciles recientemente, tales como _____ _____. Sé los pensamientos que has tenido respecto de tu situación. Sé que has sentido _____. Yo quiero que sepas que yo he estado a tu lado durante todo el tiempo, ya sea que te hayas dado cuenta o no. Acude a mí y pídeme fuerzas la próxima vez que _____. Yo te sustentaré.

También conozco tus fortalezas, por ejemplo, el modo en que puedes _____, porque yo fui quien te creó con esas fortalezas. Me gozo en el hecho de que has mostrado tu fidelidad hacia mí cuando _____. Quiero que sepas que serás recompensado ricamente, y eternamente, por tu obediencia.

Y también conozco las luchas que enfrentas… los pecados que te atormentan continuamente. Sé que el peor de todos es _____. Recuerda que yo te he llamado a una vida de santidad. Cada vez que tú caes en pecado, esto afecta cada parte de tu vida y también tu relación conmigo, por ejemplo _____.

Yo te he dado el poder para permanecer fiel, obediente, y comprometido conmigo. Pero para poder aprovechar ese poder, sin embargo, tú debes primero _____.

Estas son las palabras de aquel que te ama y que dio su vida por ti,
Jesús

LOS BUENOS, LOS MALOS, Y LOS TIBIOS

DE UN BOCADO

Cualquier cosa que esté por debajo de la fidelidad y la obediencia extremas, le resulta desagradable a Dios.

PUNTAPIÉ INICIAL – OPCIÓN 1
DEPORTES DESTACADOS

Mientras tus adolescentes ingresan al lugar de reuniones, pon un video de jugadas deportivas espectaculares en donde todos puedan verlo. La mayoría de las tiendas de video poseen cintas con compilaciones que te servirán de maravilla. Si no, simplemente grábalas tú mismo. Los canales deportivos suelen emitir resúmenes del día o de la semana de las jugadas más llamativas. (Si lo alquilas, asegúrate de ver el video antes que tus chicos, por si hubiera material que pudiera resultar ofensivo.)

Debatan sobre la cinta y luego presenta el tema de la lección, empleando preguntas como:

GUIÓN PARA EL LÍDER JUVENIL
* **¿Qué es lo que motiva a estos atletas a llegar a tales extremos?**
* **¿Se consideran ustedes personas que llegan al extremo? De ser así, ¿en qué áreas?**
* **¿Cuáles son algunos de los beneficios de ser una persona que llega al extremo? ¿Cuáles son algunos de los riesgos?**

Lo que necesitarás
* Biblias
* Lapiceras o lápices
* Una cinta de video o DVD con deportes destacados (optativo)
* Un reproductor de video o de DVD y un televisor (optativo)
* Materiales necesarios para jugar algún juego de competición (que se juegue en equipos) que les resulte familiar a tus adolescentes (optativo)
* Un adolescente o líder juvenil en cada equipo, que secretamente se haya designado con anterioridad como saboteador (optativo)
* Una serie de premios deliciosos para entregar a los ganadores del juego (optativo)
* Una pizarra blanca o un papel tipo afiche, y marcadores
* Copias de **El problema con los tibios** (página 40-41), una para cada adolescente
* Copias de **Una diferencia de temperatura** (páginas 42-43), una para cada adolescente

PUNTAPIÉ INICIAL – OPCIÓN 2
SABOTEÁNDOLO

Jueguen alguno de los juegos favoritos de tus adolescentes… uno que garantice que corra adrenalina por la habitación. Si precisas recurrir al soborno para hacer subir las emociones, ofrece un premio atractivo (como una caja llena de dulces) para el equipo ganador. Cuando dividas al grupo en equipos, asegúrate de que a cada equipo le sea asignado un saboteador… un jugador cuyo propósito será disminuir disimuladamente las probabilidades de ganar de su propio equipo.

Deberás reclutar a los saboteadores antes de la reunión. Explícales que todo lo que deseas que hagan es que den un 50% de su esfuerzo… que jueguen el juego con más o menos la mitad de la intensidad, competitividad, y habilidad, de las que normalmente pondrían para ganar.

Durante el juego, pon atención a las reacciones de tus chicos ante la actitud displicente de los saboteadores. Anota algunas palabras específicas de aliento, instrucciones, y palabras de frustración que oigas. Luego de finalizar, revela a todos tu acuerdo previo con los saboteadores del grupo, y agradéceles a estos su cooperación. Tal vez desees emplear las siguientes preguntas para guiar la discusión sobre la actividad:

GUIÓN PARA EL LÍDER JUVENIL

- **¿Quiénes de ustedes dieron un 100% de su esfuerzo al jugar el juego?** (Pide a aquellos que levanten sus manos, que expliquen por qué compitieron con tanta energía.)
- **¿Cómo se sintieron acerca de las personas que parecían estar dando menos que sus mejores esfuerzos durante el juego? ¿Por qué?**
- **Nombren algunas otras áreas de la vida en las cuales es importante dar un 100% de nuestro esfuerzo.** (A medida que los adolescentes mencionen diversas áreas específicas, pídeles que expliquen qué es lo que ellos considerarían como dar un 100% en cada una de esas áreas.)

ENTRANDO EN TEMA
AL EXTREMO

Inicia la discusión preguntando a tus chicos qué imágenes les vienen a la mente cuando oyen la palabra *extremo*. Pide a tus adolescentes que piensen en los diferentes contextos en los cuales esta palabra es empleada. Si precisan algunas ideas, puedes pedirles que describan lo que significa:

- ciclismo de montaña extremo
- surfing extremo

MÁS MÁS MÁS
Al extremo
Pon a trabajar la creatividad de tus adolescentes. Pídeles que trabajen en parejas o en grupos pequeños para pensar y hacer una demostración de actividades nuevas tales como golf extremo, solitario extremo, o ajedrez extremo. Si deseas llevar esta actividad al siguiente nivel, da a tus chicos las instrucciones por anticipado, y pídeles que graben en video sus demostraciones para luego verlas todos juntos en la reunión. (Asegúrate de ver tú todos los videos antes de mostrárselos al grupo.)

- alpinismo extremo
- paracaidismo extremo

Termina la discusión preguntando a tus chicos qué creen ellos que significa el término *cristianismo extremo*. Anota las respuestas de tus adolescentes en una pizarra o un papel tipo afiche.

DÁNDOLE AL LIBRO
EL PROBLEMA CON LOS TIBIOS

Distribuye lápices y copias de **El problema con los tibios** (páginas 40-41) a tus adolescentes mientras se encuentra reunido todo el grupo... luego permíteles trabajar en grupos pequeños para completar la hoja. Además, por favor calcula cuánto tiempo crees que puede llevarle a tu grupo esta hoja de trabajo... siéntete libre de subrayar solo las preguntas clave y de eliminar otras. Cuando todos hayan terminado, pide algunos voluntarios para compartir sus respuestas.

Si están cortos de tiempo, puede que desees asignar una sección de la hoja a cada grupo, o centrar la discusión en la tercera sección (la carta a Laodicea en Apocalipsis 3:14-22).

Tal vez desees emplear los siguientes comentarios para complementar la discusión sobre Apocalipsis 3:

GUIÓN PARA EL LÍDER JUVENIL

- **Nuestra reputación no significa nada para Jesús si no concuerda con lo que verdaderamente está sucediendo en nuestro interior. En lo que hace a la espiritualidad, no es difícil engañar a otras personas para que crean que somos algo que en realidad no somos. Sin embargo, es imposible engañar a Jesús. Él conoce cada pensamiento que tenemos, incluyendo las verdaderas motivaciones detrás de cada cosa que hacemos.**
- **Jesús anima a sus seguidores a permanecer fieles, sin importar cuán feas se pongan las cosas. Cuanto más difíciles sean nuestras circunstancias, más deberíamos acercarnos a Dios.**
- **Jesús espera que sus seguidores lleven su fidelidad, devoción y obediencia a él al extremo. El cristianismo tibio le desagrada. Si nuestra fe cristiana no está haciendo una diferencia en nuestras vidas (así como en las vidas de aquellos que nos rodean), entonces es una fe muerta.**
- **Cristianismo extremo significa estar vivos y encendidos para Dios. Es estar entregados en un 100% a Dios.**

QUE HAGA LA DIFERENCIA
UNA DIFERENCIA DE TEMPERATURA

Pide a un voluntario que lea nuevamente Apocalipsis 3:15-16. Luego pregunta a tus adolescentes cuál es la diferencia entre ser un cristiano *caliente* y ser un cristiano *tibio*. El objetivo de la pregunta no es necesariamente obtener respuestas verbales de tus chicos, sino ponerlos a pensar sobre el aplicar los principios de Apocalipsis 3:15-16 en sus vidas.

Distribuye copias de **Una diferencia de temperatura** (páginas 42-43). Permite a los adolescentes trabajar en parejas o en grupos pequeños para completar la hoja. Cuando todos hayan finalizado, pide a algunos voluntarios que compartan sus respuestas. Escribe todas las respuestas *calientes* en la pizarra o papel tipo afiche.

Mientras concluyes la lección, entrega una tarjeta en blanco a cada adolescente y pídeles que escriban dos cosas que harán en la semana que comienza para «calentar» su compromiso con Cristo. Anímalos a emplear las sugerencias que están escritas en la pizarra o papel como inspiración. Si crees que es apropiado para tus chicos, colócalos en parejas para que cada uno pueda chequear el progreso del otro durante la semana.

EL PROBLEMA CON LOS TIBIOS

Tres referencias bíblicas. Quince preguntas. Mmm… ¿qué más anda necesitando esta hoja? Bueno, si agregaras algunas respuestas de tu parte sería lindo, ¿quince te parecen bien?

APOCALIPSIS 3:1-6

1. ¿Qué quiso decir Jesús cuando le dijo a la iglesia de Sardis que a pesar de tener la reputación de estar vivos, ellos en realidad estaban muertos?

2. ¿Por qué es importante tener una buena reputación delante del resto de los creyentes? ¿Por qué es potencialmente peligroso?

3. Describe la diferencia entre estar *vivo* en Cristo y estar *muerto* en Cristo.

4. Basándote en las palabras de Jesús en este pasaje, ¿qué consejo le darías a la iglesia de Sardis? Sé tan específico como puedas en tus sugerencias.

APOCALIPSIS 3:7-13

5. ¿Cómo es posible para alguien «de pocas fuerzas» (versículo 8) permanecer fiel a Cristo?

6. Da un ejemplo de cómo puede una persona obedecer la Palabra de Dios.

7. Da un ejemplo de cómo puede una persona renegar del nombre de Jesús.

8. ¿Cuál es tu primera reacción a las palabras de Jesús en el versículo 11, cuando dice «Vengo pronto»?

9. Describe lo que a Jesús le agradaba de la iglesia en Filadelfia.

10. Haz una lista de las promesas que Jesús le hizo a la iglesia en Filadelfia.

APOCALIPSIS 3:14-22

11. ¿Cuál era el problema con la iglesia de Laodicea?

12. ¿Qué significa ser un seguidor tibio de Cristo?

13. ¿Cuál es el problema con ser tibio?

14. ¿Cuál es la reacción de Jesús frente a los cristianos tibios?

15. ¿Cómo puede una persona «calentar» su relación con Cristo?

UNA DIFERENCIA DE TEMPERATURA

Explica cómo podría responder un cristiano tibio y un cristiano caliente en cada una de las siguientes situaciones. Sé tan específico como te sea posible, especialmente con las respuestas «calientes».

1. El líder de tu grupo de jóvenes te desafía a comenzar un estudio bíblico personal.

> *Respuesta de un cristiano tibio:*

> *Respuesta de un cristiano caliente:*

2. Tu vecino te pregunta por qué asistes a la iglesia los domingos.

> *Respuesta de un cristiano tibio:*

> *Respuesta de un cristiano caliente:*

3. La chica que se sienta detrás de ti en la clase de Literatura menciona que su abuela acaba de fallecer.

> *Respuesta de un cristiano tibio:*

> *Respuesta de un cristiano caliente:*

4. Tu pastor anuncia que el hogar de pobres local necesita donaciones y voluntarios.

> *Respuesta de un cristiano tibio:*

> *Respuesta de un cristiano caliente:*

5. Tu mejor amigo te invita a una fiesta que tú sabes que se va a salir de control.

Respuesta de un cristiano tibio:

Respuesta de un cristiano caliente:

6. La persona con la que estás saliendo te dice que es tiempo de llevar la relación al siguiente nivel, refiriéndose al sexo.

Respuesta de un cristiano tibio:

Respuesta de un cristiano caliente:

7. Te enteras de que una antigua amiga tuya está esparciendo rumores desagradables acerca de ti en la escuela.

Respuesta de un cristiano tibio:

Respuesta de un cristiano caliente:

8. Todo en tu vida parece estar saliendo mal.

Respuesta de un cristiano tibio:

Respuesta de un cristiano caliente:

FRENTE AL TRONO

DE UN BOCADO

La adoración no es algo que le ofrecemos a Dios a regañadientes durante un par de horas por semana… es la respuesta natural y apasionada cuando reconocemos quién es Dios verdaderamente.

PUNTAPIÉ INICIAL – OPCIÓN 1

¡DAME LA A!

Divide al grupo en equipos de tres o cuatro integrantes para una competencia de porristas. Anuncia que se les darán unos minutos a los equipos para pensar sus canciones y las coreografías con que las acompañarán. Si tienes alguna porrista en el grupo, pídele que muestre alguna rutina sencilla para ayudar a los equipos a inspirarse.

Para aumentar un poco el grado de dificultad, anuncia que los equipos deben inventar una canción y una coreografía basándose en un tema que tú elegirás. Dependiendo de cuán malvado te sientas, puedes escoger cualquier cosa, desde estudiar para un examen hasta jugar al tenis. Solo asegúrate de dar a los equipos algo con lo que puedan ponerse creativos. Si quieres encarar la actividad con todo, invita a un «panel de celebridades» (o a cualquiera que puedas conseguir a último momento) para que sean los jueces de la competencia. Tal vez puedan incluso levantar unas grandes tarjetas con sus puntajes luego de cada rutina.

Si piensas que algunos de tus chicos serán reacios a participar, ofrece un premio irresistible que les haga agua a la boca, como un pastel exquisito, para el equipo que presente la mejor rutina.

Lo que necesitarás
- Biblias
- Bolígrafos o lápices
- Varios adultos o líderes voluntarios para actuar como jueces en una competencia (optativo)
- Tarjetas de puntuación en blanco (grandes) y marcadores para los jueces (optativo)
- Un premio comestible y muy tentador para otorgar a los ganadores de la competencia (optativo)
- CDs de música de una variedad de géneros (optativo)
- Reproductor de CDs
- Muchas tarjetas pequeñas en blanco
- Una pizarra blanca o un papel tipo afiche, y marcadores
- Copias de **Dilo fuerte y dilo orgulloso** (páginas 49-50), una para cada adolescente
- Copias de **Receta para la adoración** (páginas 51-52), una para cada adolescente
- CD de música de adoración

Luego comenten la competencia y presenta el tema de la lección (la adoración), empleando preguntas como:

GUIÓN PARA EL LÍDER JUVENIL

- **¿Qué hubiera ocurrido si les hubiera dicho que «Dios» debía ser el tema de sus rutinas? ¿Hubiera sido más fácil o más difícil escribir una canción para él que para los temas que les di? Expliquen.** (También es una alternativa a la actividad anterior el realmente *darles* a Dios como tema, en lugar de los temas sugeridos más arriba. Si deseas dar diferentes temas a cada equipo, pueden ser «salvación», «Jesús», «perdón de los pecados», "Espíritu Santo", etc. Así al menos, en lugar de pensar en otras cosas, tus adolescentes pasarán un rato pensando en Dios...)
- **Mencionen algunas cosas que podrían decirse en una canción con coreografía tipo «porristas» referida a Dios.**
- **¿Cuál es el modo habitual en que ustedes le expresan a Dios sus sentimientos hacia él?**

PUNTAPIÉ INICIAL – OPCIÓN 2
UNA REACCIÓN NATURAL

Para esta actividad deberás reunir con anticipación un montón de música de diversos géneros musicales tales como rock, hip-hop, pop, country, blues, folclórico, jazz, ópera, cuarteto de cuerdas, orquesta, y cualquier otra cosa que puedas encontrar. Para comenzar la lección, pon 30 segundos o algo así de cada canción. (Asegúrate de escucharlos tú previamente para ver si hay alguna letra objetable antes de hacer que los escuche el grupo.)

No expliques por qué estás haciendo esto; simplemente presta atención a las reacciones de los adolescentes frente a la música. Mira especialmente las reacciones físicas... tal vez agiten la cabeza, o se muevan en sus sillas, o golpeen el suelo con el pie, o hagan como que tocan la guitarra, o cosas similares.

Luego escuchar todas las canciones, pide a aquellos que fueron más exuberantes en su apreciación de la música que expliquen por qué reaccionaron en el modo en que lo hicieron. Es muy probable que alguien sugiera que es sencillamente una reacción natural. Conversen brevemente acerca de otras reacciones naturales que las personas experimentan. Si nadie más lo menciona, señala que todas las personas se ríen cuando ven un comercial gracioso en la televisión, gritan o pegan un salto cuando están viendo una película de terror, y lloran en el final de las novelas sentimentaloides.

Continúa con preguntas como estas:

GUIÓN PARA EL LÍDER JUVENIL
- ¿La adoración, les surge de forma natural a las personas? ¿Por qué sí o por qué no?
- ¿Es la adoración algo que debería surgirles de forma natural a las personas? ¿Por qué sí o por qué no?

ENTRANDO EN TEMA
ESO ES LO QUE ME GUSTA DE TI

Distribuye lápices o lapiceras y pequeñas tarjetas en blanco. Cada adolescente necesitará varias tarjetas. (Si tu grupo de jóvenes es gigantesco, tal vez prefieras dividirlo en pequeños grupos para esta actividad. Intenta ubicar a quienes sean amigos juntos en el mismo grupo, ya que de otro modo tal vez no se conozcan lo suficiente como para trabajar con sinceridad y conocimiento de causa.) Indica a los chicos que escriban en cada tarjeta el nombre de otro chico y una cualidad o característica positiva de esa persona. Anímalos a pensar bien sus respuestas y a ser sinceros en su afirmación. Deberán completar una tarjeta para cada persona en el grupo o en el pequeño grupo.

Luego recoge todas las tarjetas y divídelas en montones, un montoncito para cada adolescente. Lee todas las declaraciones de uno de los montones, y haz que los chicos adivinen a quién se está describiendo. Luego haz lo mismo con cada uno de los demás montones. Si tus adolescentes cooperan, esta actividad puede significar mucho en generar confianza en las vidas de aquellos que más lo necesitan.

Luego de que hayas terminado de leer todas las tarjetas, pide a tus chicos que nombren cualidades y características positivas acerca de Dios. Pero no te conformes con respuestas genéricas. Por ejemplo, si alguien dice: «Dios es bueno», pídele que identifique algo específico que Dios haya hecho o haya prometido, que lo haga bueno. Escribe las respuestas de tus adolescentes en una pizarra o en una hoja tipo afiche para poder volver a ellas más tarde.

DIGNO DE ADORACIÓN
Eso es lo que me gusta de ti
Puedes convertir el ejercicio de nombrar atributos de Dios en un juego, si incluyes un par de dados en cuyas caras hayas escrito letras, y un cronómetro. Haz que los adolescentes tomen turnos para tirar los dados y nombrar atributos de Dios (o cosas por las cuales él es digno de alabanza) que comiencen con alguna de esas dos letras. Cada respuesta correcta vale 1000 puntos.

DÁNDOLE AL LIBRO
DILO FUERTE Y DILO ORGULLOSO

Distribuye lapiceras y copias de **Dilo fuerte y dilo orgulloso** (páginas 49-50) a tus adolescentes mientras se encuentra reunido todo el grupo. Luego permíteles trabajar en grupos pequeños para completar la hoja. Además, por favor calcula cuánto tiempo crees que puede llevarle a tu grupo esta hoja de trabajo. Siéntete libre de subrayar solo las preguntas clave y de eliminar otras. Tal vez desees emplear los siguientes comentarios para complementar la discusión sobre Apocalipsis 4—5:

- **Los ejemplos extremos de adoración que se describen en Apocalipsis 4—5 pueden explicarse por el hecho de que los seres que lo están adorando tienen asientos en la primera fila para contemplar la gloria de Dios. El resultado de semejante proximidad a Dios mismo parece generar una compulsión irresistible a adorarlo. En otras palabras, cuanto más cerca está de Dios una persona, más natural (y tal vez más irresistible) se vuelve el adorarlo.**
- **Nuestra cercanía con Dios (o la falta de la misma) se refleja en nuestra adoración. Cuanto más íntima sea nuestra relación con él, más aspectos de su naturaleza veremos; y cuantos más aspectos de su naturaleza veamos, más deseos tendremos de ofrecerle alabanza y gloria como respuesta.**
- **La adoración es el destino eterno de cada cristiano... podría llamarse el pasatiempos nacional del cielo. Si esto nos parece una perspectiva poco excitante, es porque no comprendemos qué es la verdadera adoración.**

QUE HAGA LA DIFERENCIA
RECETA PARA LA ADORACIÓN

Distribuye copias de **Receta para la adoración** (páginas 51-52). Permite a los adolescentes trabajar en parejas o en grupos pequeños para completar la hoja. Luego vuelvan a reunirse todos y conversen sobre la hoja. Finalmente, concluye la reunión con un pequeño culto de adoración. Pide a algunos músicos que toquen canciones familiares de alabanza para crear el clima. Alienta a tus adolescentes a cantar con el espíritu de adoración que se describe en Apocalipsis 4—5. Pide a algunos voluntarios que compartan alabanzas específicas y pasajes bíblicos de las hojas que completaron antes. Cierra el servicio en oración, pidiendo a Dios que bendiga el deseo y el compromiso de tus adolescentes de adorarlo y honrarlo a él, y que los ayude a comprender la diferencia que una genuina adoración puede hacer en sus vidas.

DIGNO DE ADORACIÓN
RECETA PARA LA ADORACIÓN

Para crear una experiencia inolvidable de adoración, permite que tus adolescentes planifiquen y lleven a cabo el miniservicio ellos mismos. Asigna las diferentes partes del servicio (oración, lectura de la Biblia, alabanza personal, testimonios y música) a diferentes personas o parejas de tu grupo. Cada individuo o pareja será responsable ya sea de realizar ellos mismos las cosas o de encontrar alguien que lo haga. Asegúrate de que cada chico tenga un rol vital en el planeamiento y realización del culto de adoración.

DILO FUERTE Y DILO ORGULLOSO

¿Puedes adivinar qué se supone que hagas con esta hoja? Una pista: está relacionado con buscar versículos en la Biblia y responder algunas preguntas.

APOCALIPSIS 4:1-11

1. ¿Qué sugieren con respecto al trono de Dios las piedras preciosas (jaspe, cornalina y esmeralda) y el arco iris (versículo 3)?

2. ¿Qué sugieren los relámpagos, estruendos y truenos (versículo 5)?

3. Describe cómo te imaginas el trono de Dios, basándote en lo que entiendes de los versículos 2 al 11.

4. ¿Qué nos dice acerca de Dios la descripción de su trono?

5. ¿Cuál supones que es la razón por la cual los seres que se describen en los versículos 6 al 9 adoran a Dios continuamente?

6. ¿Por qué cosa, específicamente, están adorando y honrando a Dios los seres?

7. Según lo que dicen los 24 ancianos, ¿por qué Dios es «digno ... de recibir la gloria, la honra y el poder» (versículo 11)?

8. ¿Cuál es tu opinión acerca del estilo celestial de adoración que se describe en Apocalipsis 4?

APOCALIPSIS 5:1-14

9. ¿Quién es el Cordero, el León de la tribu de Judá, la Raíz de David?

10. Según lo que dicen los 24 ancianos, ¿por qué es el Cordero digno de recibir gloria y honor (versículo 9)?

11. ¿Cómo reformularías con tus propias palabras la canción que aparece en los versículos 9 y 10 para que expresara tus propios sentimientos acerca del sacrificio del Cordero?

12. Describe cómo te imaginas la reunión de seres adorando que se menciona en los versículos 11 al 14.

13. ¿Qué nos revela este pasaje con respecto a la adoración en el cielo?

14. ¿Por qué son los seres del cielo tan entusiastas en su adoración a Dios?

15. ¿Qué lecciones pueden aprender los adoradores de la tierra de sus equivalentes en el cielo?

RECETA PARA LA ADORACIÓN

La adoración puede tener lugar en cualquier sitio y en cualquier momento. Una adoración significativa, sin embargo, requiere alguna preparación de nuestra parte. Piensa en esta hoja como en una «receta para preparar una buena la adoración».

1. Resolver cualquier problema personal que tengas con otras personas, ya que podría interferir con tu espíritu de adoración.

Por lo tanto, si estás presentando tu ofrenda en el altar y allí recuerdas que tu hermano tiene algo contra ti, deja tu ofrenda allí delante del altar. Ve primero y reconcíliate con tu hermano; luego vuelve y presenta tu ofrenda. (Mateo 5:23-24).

Cosas que necesito arreglar con otras personas antes de poder tener comunión genuina con Dios:

2. Pedir perdón por tus pecados, ya que interfieren en tu comunión con Dios.

Si confesamos nuestros pecados, Dios, que es fiel y justo, nos los perdonará y nos limpiará de toda maldad. (1 Juan 1:9).

Cosas que necesito confesar para poner en orden mi relación con Dios...

3. Identificar cosas específicas por las cuales alabar a Dios.

El gran amor del SEÑOR nunca se acaba, y su compasión jamás se agota. Cada mañana se renuevan sus bondades; ¡muy grande es su fidelidad! (Lamentaciones 3:22-23).

Cosas por las cuales necesito alabar y adorar a Dios:

4. Pasar algún tiempo leyendo las Escrituras.

Tu palabra es una lámpara a mis pies; es una luz en mi sendero. (Salmo 119:105).

Un versículo o promesa bíblicos especialmente significativos para mí en este momento…

5. ¡La adoración puede tomar muchas formas!

Vestido tan solo con un efod de lino, se puso a bailar ante el SEÑOR con gran entusiasmo (2 Samuel 6:14).

David y todo Israel danzaban ante Dios con gran entusiasmo y cantaban al son de liras, arpas, panderos, címbalos y trompetas (1 Crónicas 13:8).

Un modo en especial en el que me gustaría adorar a Dios en este momento…

SE ACABÓ EL TIEMPO

APOCALIPSIS 6; 8 — 9; 16

DE UN BOCADO

Dios ha sido paciente con la raza humana por siglos, brindando a todos una oportunidad de venir a él… pero Él no permitirá que el mal permanezca para siempre sin castigo.

PUNTAPIÉ INICIAL – OPCIÓN 1

CONTRA RELOJ

Para esta actividad deberás pensar una variedad de pruebas para que tus chicos intenten completar de forma individual o en grupo, y contra reloj. Aquí tienes algunas ideas para comenzar tu lista:

- Clasificar por colores un tazón lleno de canicas mientras tienen puestos unos lentes de sol ultra oscuros.
- Armar un rompecabezas de 24 piezas empleando solo sus dedos pulgares.
- Completar 12 piruetas sin tocar a nadie ni nada en el salón (excepto el suelo, por supuesto).
- Colocarse guantes de boxeo… luego abrir un libro en la página 100 y leer en voz alta las dos primeras oraciones.
- Haz que cada persona se coloque, saliendo del pantalón, una especie de «cola» hecha con una tira de tela… luego la persona que realice la prueba deberá perseguirlos a todos hasta haberles quitado a cada uno su «cola».
- Embocar 10 tiros libres empleando bolas de papel y un cesto colocado al menos a 3 metros de distancia.

Lo que necesitarás
- Biblias
- Bolígrafos o lápices
- Materiales o accesorios para varias pruebas ridículas (optativo)
- Copias de un crucigrama o sopa de letras para cada adolescente (optativo)
- Cronómetro
- Varios premios tontos o divertidos para entregar a los ganadores
- Algunos adolescentes o líderes voluntarios con inclinación artística para ilustrar versículos específicos en pósters
- Copias de **Sé tú el juez** (páginas 59-60), una para cada adolescente
- Copias de **Días de juicio** (páginas 61-64), una para cada adolescente
- Copias de **Días de juicio con definiciones** (páginas 65-67), una para cada adolescente (optativo)
- Preparación para discutir los puntos de vista escatológicos de tu iglesia con los adolescentes a medida que leen **Días de juicio con definiciones** (optativo)
- Una radio con sintonizador manual de dial
- Tarjetas en blanco, una para cada adolescente

Dentro de lo posible, ensaya tú cada prueba antes de la reunión para poder asignarles un tiempo límite apropiado, pero desafiante. En otras palabras, debes lograr que tus adolescentes sientan la presión cuando estén compitiendo. Entrega premios a aquellos que completen con éxito sus pruebas dentro del límite de tiempo fijado.

Emplea la idea de «el tiempo que se acaba» durante las pruebas, para dar pie al tema de la lección. Señala que también hay un límite de tiempo para el pecado, y que un día Dios pronunciará su juicio final sobre todos los que hacen el mal.

PUNTAPIÉ INICIAL – OPCIÓN 2
PALABRAS DESAFIANTES

Si no tienes el tiempo o los materiales necesarios para preparar la actividad **Contra reloj**, intenta un concurso de juegos con palabras. Distribuye copias de un crucigrama o de una sopa de letras, y permite a los adolescentes trabajar en parejas para intentar completarlos dentro del tiempo fijado. Entrega premios a quienes tengan éxito, pero haz todo lo posible por crear tensión durante la actividad para que los adolescentes tengan la sensación de que el tiempo está corriendo y se acaba pronto.

Luego pide a algunos voluntarios que compartan experiencias durante las cuales realmente sintieron la presión del tiempo, y conversen acerca de cómo se desempeñaron bajo esa presión. Presenta el tema de la lección señalando que hay un límite de tiempo para el pecado en el mundo, y que un día Dios pronunciará su juicio final sobre todos los que hacen el mal.

ENTRANDO EN TEMA
SÉ TÚ EL JUEZ

Antes de la reunión, recluta un par de adolescentes con talento para el arte, para que hagan unos pósters para ti. Un póster debería estar basado en esta frase de Romanos 6:23, «la paga del pecado es muerte»; el otro debería estar basado en las palabras de Romanos 12:19, «Mía es la venganza; yo pagaré", dice el Señor». Pide a tus artistas que incluyan el texto en sus pósters, y luego coloca los pósters en un lugar bien visible del salón de reuniones.

Distribuye lápices y copias de **Sé tú el juez** (páginas 59-60). Permite a los chicos trabajar en parejas o en grupos pequeños para completar la hoja. Cuando todos hayan terminado, pide algunos voluntarios para compartir sus respuestas con el grupo. Si encuentras que los adolescentes tienen respuestas marcadamente diferentes para una determinada situación, alienta un pequeño debate sobre cuán seria es realmente la ofensa.

MÁS MÁS MÁS
Contra reloj o palabras desafiantes
Para presentar el tema del apocalipsis, también podrías mostrar algunas escenas claves de desastre y destrucción de películas tales como Armageddon, Impacto profundo, Un pueblo llamado Dante's Peak, Terremoto, Meteor, El día del fin del mundo, o cualquier otra cosa que puedas encontrar en tu tienda de videos local. Emplea los fragmentos de película como puntos de referencia en la discusión de los juicios que se describe en Apocalipsis 6, 8—9, y 16.

Tal vez desees emplear las siguientes preguntas para guiar la discusión sobre esta hoja:

GUIÓN PARA EL LÍDER JUVENIL
- **¿Son todas las personas en las situaciones descritas igual de culpables? ¿Merecen castigos equivalentes?**
- **¿En qué basaron sus juicios? ¿Cuáles situaciones fueron las más ofensivas para ustedes? ¿Por qué?**
- **Expliquen el concepto de «que el castigo sea proporcional al crimen».**
- **¿Cómo juzgaría Dios estas situaciones? Expliquen sus respuestas.**

DÁNDOLE AL LIBRO
DÍAS DE JUICIO

Distribuye lapiceras y copias de **Días de juicio** (páginas 61-64) a tus adolescentes mientras se encuentra reunido todo el grupo… luego permíteles trabajar en grupos pequeños para completar la hoja. Además, por favor calcula cuánto tiempo crees que puede llevarle a tu grupo esta hoja de trabajo… siéntete libre de subrayar solo las preguntas clave y de eliminar otras.

Divide al grupo en cuatro grupos de estudio, y asigna a cada grupo una porción de la hoja para completar. Luego pide a un voluntario de cada equipo que resuma el pasaje de su equipo y sus respuestas para el resto del grupo.

Tal vez desees emplear los siguientes comentarios para complementar la discusión sobre Apocalipsis 6, 8—9, y 16:

GUIÓN PARA EL LÍDER JUVENIL
- **Cualquiera que crea que Dios es blando, o incluso indiferente frente al pecado y el mal, debería echar una mirada más profunda a los juicios que aparecen en estos pasajes. El hecho de que él les da a las personas una oportunidad de venir a él no debería dar pie a aprovecharse. Cuando venga su juicio los resultados serán horrorosos. Algunas personas descubrirán demasiado tarde cuán seriamente se toma Dios el pecado.**
- **Muchos cristianos creen que los juicios de los sellos, los juicios de las trompetas, y en especial los juicios de las copas ocurrirán en una sucesión bastante rápida. En otras palabras, creen que las personas no tendrán tiempo de recuperarse de un juicio antes de que los impacte el siguiente. Los resultados serán una destrucción y una devastación inimaginables.**

- Los juicios no son actos aleatorios de violencia de parte de Dios. Él tiene una intención y un propósito específicos para cada juicio. En muchos casos (incluyendo el agua que se convierte en sangre, irritaciones dolorosas, langostas y oscuridad) los juicios en Apocalipsis son reminiscencias de las plagas que él envió contra Egipto en Éxodo 7-12.
- Con estos juicios Dios demuestra no solo su santidad y justicia, sino también su poder ilimitado y su control sobre el mundo natural. ¿Quién más podría arrojar una montaña al mar como si fuera una piedrita?

PONGÁMONOS TEOLÓGICOS
DÍAS DE JUICIO

Tal vez en algún punto durante la discusión sobre Apocalipsis 6, 8—9, y 16 tú quieras distribuir copias de **Días de juicio con definiciones** (páginas 65-67), una para cada chico. La cantidad de tiempo que pasarán conversando acerca de los términos en esta hoja dependerá de a cuánta escatología quieras exponer a tus adolescentes, del tiempo que tengan disponible, y de las preguntas de tus chicos.

Puede que desees explicarles que muchos cristianos creen que los juicios de Dios que se describen en Apocalipsis 6, 8—9, y 16, ocurrirán durante un período de siete años conocido como la Tribulación. Señala que algunos cristianos (conocidos como *pretribulacionistas*) creen que los cristianos experimentarán el Rapto (cuando serán transportados instantáneamente al cielo) antes de que tengan lugar los juicios. Algunos cristianos (conocidos como *midtribulacionistas*) creen que el Rapto va a ocurrir en el medio de la Tribulación, tres años y medio luego de comenzada esta, justo antes de que las cosas comiencen a ponerse realmente feas. Otros cristianos (conocidos como *postribulacionistas*) creen que Jesús no va a regresar hasta después de la Tribulación, lo cual implica que los cristianos que estén vivos durante esos tiempos van a experimentar todos los juicios que se relatan en esos pasajes.

Mínimamente, tú deberías estar preparado para compartir las enseñanzas particulares de tu iglesia con respecto a la interpretación y a la cronología de Apocalipsis y para contestar cualquier pregunta que tus chicos puedan tener.

QUE HAGA LA DIFERENCIA
INTERFERENCIA

Mientras concluyes la lección, di algo como:

GUIÓN PARA EL LÍDER JUVENIL
Como cristianos, nosotros no tenemos que preocuparnos por el juicio eterno de nuestros pecados. Jesús dio su vida para pagar el castigo por el pecado de una vez y para siempre. Cuando nosotros aceptamos esa verdad y hacemos de Jesús el Salvador y Señor de nuestras vidas, somos hechos justos delante de Dios y nuestros pecados son perdonados… para siempre.

Eso no significa, sin embargo, que el pecado no tenga ningún efecto sobre nuestras vidas. Sí lo tiene. El pecado a menudo tiene consecuencias aun después de que Dios nos ha perdonado, e interfiere en nuestra relación con Dios.

Para ilustrar la idea de interferencia, enciende una radio y escuchen algo de música por algunos momentos. Luego cambia lentamente la frecuencia, moviendo el dial o apretando el botón que corresponda, de modo que la recepción clara sea lentamente reemplazada por una mala recepción, y finalmente solo se oigan ruidos molestos.

Continúa con…

GUIÓN PARA EL LÍDER JUVENIL
Eso es lo que ocurre cuando permitimos que el pecado entre poco a poco en nuestras vidas. Nuestra relación con Dios se llena de estática… tal como lo que se oye en la radio de tu automóvil cuando te alejas más y más de la estación que transmite la señal. Cuanto más cedemos a la tentación, más nos alejamos de su Palabra, y menos clara se hace su voluntad para nuestras vidas.

La Biblia nos promete que nada puede separar de forma permanente a los creyentes del amor de Dios. Pero si hay una cosa que estos capítulos de Apocalipsis prueban, es que Dios se toma el pecado seriamente. Y si nos importa nuestra relación con él, entonces nosotros también deberíamos tomar seriamente el pecado.

Distribuye tarjetas y lápices, y pide a cada adolescente que escriba un pecado específico que piensa que puede estar interfiriendo en su relación con Dios. Si a los chicos les da vergüenza o son reacios a escribir cosas que otros puedan ver, sugiéreles que lo escriban en código. Luego destina algunos minutos para que los chicos oren de manera personal acerca de sus pecados, pidiéndole a Dios no solo que los perdone, sino también que elimine cualquier estática en sus relaciones con él.

Antes de cerrar la lección, recuérdales a tus chicos que el orar pidiendo perdón es solo el primer paso en lidiar con el pecado; también está la cuestión del arrepentimiento… dar la espalda a las actitudes, tentaciones y situaciones que los condujeron al pecado en primer lugar. Y recalca que su propia fuerza de voluntad no es suficiente. ¡Todos necesitamos descansar en el Espíritu Santo que nos proporciona ayuda, nutrirnos de las Escrituras, y recibir el apoyo y el control que nos brinda la comunidad de cristianos!

Anima a tus chicos a que escriban al dorso de sus tarjetas dos o tres pasos específicos que vayan a dar esta semana para evitar caer en el mismo pecado nuevamente. Permite que si algunos voluntarios desean compartir sus ideas con el grupo puedan hacerlo, pero no pongas a nadie en una encrucijada. A medida que salen los adolescentes, recuérdales que peguen sus ideas en un lugar donde puedan verlas seguido.

DIGNO DE ADORACIÓN
INTERFERENCIA
Si tienes algo de tiempo extra al final de la reunión, guía a tus adolescentes en una sesión espontánea de adoración, enfocándose en el poder de Dios. Alienta a tus chicos a alabar a Dios por el hecho de que todo el mundo físico se encuentra bajo su control. Si es su voluntad que una estrella choque contra la tierra o que el sol pierda una tercera parte de su brillo, o que el agua se convierta en sangre, no hay leyes físicas (ni, de hecho, ninguna otra cosa) que pueda impedir que esto ocurra.

SÉ TÚ EL JUEZ

Lee los siguientes casos y luego determina una sentencia apropiada para cada uno. No estamos hablando necesariamente de sentencias de prisión aquí, o de castigos en el sentido legal de la palabra... estamos tratando de ver cuál es tu idea de justicia en cada situación. Así que sé tan creativo como quieras al asignar castigos.

1. Un niño de 10 años de edad hurta de una tienda un cartucho de videojuegos.

2. Una chica de 16 años de edad le roba el novio a su mejor amiga.

3. Un estudiante de 17 años de edad, líder en el grupo de jóvenes, fuma un cigarrillo de marihuana en una fiesta.

4. Un hombre de 46 años de edad, pobre y sin techo, rompe la vidriera de una tienda y se roba un abrigo para el invierno.

5. Una joven de 20 años de edad hace trampa en un examen de la universidad.

6. Una conductora ebria de 28 años de edad pierde el control de su automóvil y hiere gravemente al conductor de un camión de remolques.

7. Una conductora ebria de 28 años de edad miente con respecto a haber consumido algo de alcohol cuando es detenida por un oficial de policía... y se retira sin recibir siquiera una multa.

8. Un chico de 13 años de edad da un puñetazo a un compañero de clase que lo ha estado molestando durante todo el año.

9. Una chica de 15 años de edad hace correr un rumor embarazoso que escuchó acerca de una de sus compañeras en el equipo de voleibol.

10. Un hombre de 35 años de edad, con esposa y dos niños pequeños, tiene una aventura con una de sus compañeras de trabajo.

DÍAS DE JUICIO

Podrías intentar responder las siguientes preguntas sin leer los pasajes primero, pero tus respuestas probablemente no tendrían mucho sentido. Es por esto que te recomendamos que sí leas los pasajes primero.

Apocalipsis 6:1-17

1. ¿Qué ocurre cuando se rompe el primer sello?

2. Cuando piensas en un vencedor, ¿qué imágenes vienen a tu mente?

3. ¿Qué ocurre cuando se rompe el segundo sello?

4. ¿Cuál sería el resultado si se quita la paz de la tierra (versículo 4)?

5. ¿Qué ocurre cuando se rompe el tercer sello?

6. El anuncio de los seres en el versículo 6 sugiere que el precio de los alimentos aumentará 10 veces. ¿Cuáles serían las consecuencias hoy en día si las personas tuvieran que pagar 10 veces el precio habitual por los alimentos?

7. ¿Qué ocurre cuando se rompe el cuarto sello?

8. Describe lo que sucedería si una de cada cuatro personas en tu escuela muriera repentinamente.

9. ¿Qué ocurre cuando se rompe el quinto sello?

10. ¿Haz hecho tú alguna vez una pregunta similar a la que los mártires hacen en el versículo 10? De ser así, ¿cuáles fueron las circunstancias que te llevaron a hacer esta pregunta?

11. ¿Qué ocurre cuando se rompe el sexto sello?

12. ¿Por qué piensas que las personas descritas en los versículos 15 al 17 responden como lo hacen ante los sucesos que están ocurriendo a su alrededor?

APOCALIPSIS 8:1-13

13. ¿Qué ocurre cuando se rompe el séptimo sello?

14. ¿Por qué piensas que los habitantes del cielo hacen silencio durante media hora?

15. ¿Qué ocurre cuando suena la primera trompeta (versículo 7)?

16. Describe algunas de las consecuencias de perder una tercera parte de la vida vegetal del planeta.

17. ¿Qué ocurre cuando suena la segunda trompeta?

18. ¿Cómo te imaginas que será cuando ocurra este juicio?

19. ¿Qué ocurre cuando suena la tercera trompeta?

20. ¿Cuáles serían algunas de las consecuencias de que se contaminara una tercera parte del agua potable del planeta?

21. ¿Qué ocurre cuando suena la cuarta trompeta?

22. ¿Cómo reaccionarían las personas si vieran que desaparecen el sol, la luna y las estrellas?

APOCALIPSIS 9:1-21

23. ¿Qué ocurre cuando suena la quinta trompeta?

24. Describe cómo te imaginas que será la vida en la tierra durante el tiempo de los juicios de la quinta trompeta.

25. ¿Qué significa que «la gente buscará la muerte, pero no la encontrará; desearán morir, pero la muerte huirá de ellos» en el versículo 6?

26. ¿Qué ocurre cuando suena la sexta trompeta? ¿Cómo te imaginas que son los ángeles de la muerte?

27. ¿Por qué piensas que los sobrevivientes de las diversas plagas y juicios continúan en sus caminos de maldad, incluso luego de todo lo que han visto y experimentado?

APOCALIPSIS 16:1-21

28. ¿Qué ocurre cuando se derrama la primera copa?

29. Describe cómo sería estar cubierto de llagas repugnantes.

30. ¿Qué ocurre cuando se derrama la segunda copa?

31. ¿Cuáles serían las consecuencias si toda la vida marina muriera?

32. ¿Qué ocurre cuando se derrama la tercera copa?

33. ¿Por qué es apropiado el juicio de que el agua se convirtiera en sangre?

34. ¿Qué ocurre cuando se derrama la cuarta copa?

35. ¿Por qué piensas que las personas eligen maldecir a Dios por sus juicios en lugar de arrepentirse (versículo 9)?

36. ¿Qué ocurre cuando se derrama la quinta copa?

37. ¿Cómo reaccionarían las personas si el mundo quedara sumergido en una oscuridad completa?

38. ¿Qué ocurre cuando se derrama la sexta copa?

39. ¿Cómo hacen los demonios para convencer a los reyes del mundo de hacer la guerra contra Dios (versículo 14)?

40. ¿Qué ocurre cuando se derrama la séptima copa?

41. Describe cómo te imaginas a la tierra luego de terminado el juicio de la séptima copa.

DÍAS DE JUICIO CON DEFINICIONES

Sin importar lo poco que sepas acerca del libro de Apocalipsis o de los acontecimientos del fin del mundo, es muy probable que hayas oído palabras como anticristo, rapto y tribulación. ¿Pero qué significan? ¿Y qué tienen que ver con las cosas acerca de las cuales estamos hablando en este estudio? Para ayudarte a responder estas preguntas, he aquí un simple glosario de términos y conceptos que te guiará a una mejor comprensión de lo que dice el libro de Apocalipsis y de cómo los diferentes cristianos lo interpretan.

666

Este número se refiere a la marca de la bestia, una marca en la mano o en la frente de una persona que indica fidelidad hacia el anticristo. Solo a aquellas personas que estén marcadas con este número se les permitirá comprar y vender bienes… incluyendo alimentos. (Apocalipsis 13:16-18; 19:20).

ANTICRISTO

Esta figura de maldad se establece a sí mismo como el enemigo de Jesús y provoca la Tribulación antes de ser vencido en Armagedón. También se refiere a él en las Escrituras como *el cuerno pequeño* (Daniel 7:8-27), *el hombre de maldad* y *el destructor* (2 Tesalonicenses 2:2-4), y *la bestia* (Apocalipsis 13:1-10; 19:19-20).

ARMAGEDÓN

Aquí es donde el anticristo y los reyes de la tierra se reúnen para una última gran batalla contra Dios (Apocalipsis 16:16). Jesús regresa a la tierra con los ejércitos del cielo para vencer a las fuerzas del mal (Apocalipsis 19:11-21).

CORDERO DE DIOS

Este nombre simbólico de Jesús se refiere al hecho de que fue muerto como un sacrificio por nuestros pecados (Apocalipsis 5:5-14; 17:14; 21:22-23).

DRAGÓN

Este es otro nombre para Satanás. También se lo llama *la gran serpiente* o *el gran dragón rojo*. El hecho de que se lo describa como teniendo siete cabezas y coronas, diez cuernos, y una gran cola que arrastra las estrellas del cielo (Apocalipsis 12:3-6) sugiere que es extremadamente poderoso. Al final, sin embargo, él será arrojado al lago de fuego para siempre (Apocalipsis 20:2,10).

ESCATOLOGÍA

Esta es la rama de la teología que se centra en los acontecimientos y en las profecías del fin de los tiempos.

FALSO PROFETA

También conocido como *la segunda bestia* o *la bestia que salió de la tierra*, él es responsable de persuadir al mundo para que adore a la bestia (Apocalipsis 13:11-18). Él establece la marca de la bestia (666), y permite solo a aquellos que estén marcados comprar y vender bienes. Él es capaz de realizar milagros para respaldar sus declaraciones (Apocalipsis 13:11-15). Al final será arrojado al lago de fuego (Apocalipsis 19:19-21; 20:10).

JUICIO DEL GRAN TRONO BLANCO

Durante esta terrible instancia de juicio, las personas de todas las épocas que no fueron salvas son evaluadas de acuerdo a las cosas que hicieron en la tierra para determinar su castigo en el infierno (Apocalipsis 20:11-15). Los creyentes en Jesús tienen sus nombres escritos en el libro de la vida y su destino es la vida eterna.

LAGO DE AZUFRE

También conocido como *el lago de fuego*, este es el destino final para las personas que no son salvas, y es un destino que durará para siempre (Apocalipsis 20:10).

MILENIO

Esto se refiere al reinado de Cristo durante 1000 años (Apocalipsis 20:1-7), durante el cual Satanás estará encadenado. Algunos cristianos (conocidos como *premilenialistas*) creen que Jesús regresará a la tierra para establecer su reinado visible y que va a gobernar físicamente como un rey durante 1000 años. Algunos cristianos (conocidos como *posmilenialistas*) creen que el milenio se refiere al tiempo que le lleva a la iglesia el difundir progresivamente las buenas nuevas de Jesús por todo el mundo. Ellos creen que Cristo va a regresar luego de finalizado el período de 1000 años. Otros cristianos (conocidos como *amilenialistas*) creen que el reinado terrenal de 1000 años de Cristo no será un reinado literal en la tierra. Ellos creen que los acontecimientos que se describen en Apocalipsis 20 están ocurriendo ahora mismo en la iglesia, a través de la victoria de Jesús sobre Satanás.

NUEVA JERUSALÉN

También conocida como *la ciudad santa* (Apocalipsis 21:1-3), la Nueva Jerusalén formará parte de la nueva tierra que Dios crea para la eternidad. La ciudad (que es descrita como con forma de cuadrado) descenderá desde el cielo. El trono del Cordero, el Árbol de la Vida, y el Río de Vida, todos están dentro de la ciudad.

RAPTO

Este es el acontecimiento durante el cual los creyentes vivos y muertos serán llevados entre las nubes a encontrarse con Jesús en el aire cuando él regrese (1 Tesalonicenses 4:17). Los creyentes recibirán sus nuevos cuerpos resucitados durante el Rapto (1 Corintios 15:51-55; Filipenses 3:21). Algunos cristianos (conocidos como *pretribulacionistas*) creen que el Rapto ocurrirá antes de la Tribulación, y que a los cristianos se les ahorrará el sufrir el terror en la tierra. Algunos cristianos (conocidos como *midtribulacionistas*) creen que el rapto ocurrirá en el medio de la Tribulación, exactamente tres años y medio luego de comenzada esta. Otros cristianos (conocidos como *postribulacionistas*) creen que Jesús no regresará a la tierra hasta luego de la Tribulación, y que los cristianos que estén viviendo durante esos tiempos experimentarán todos los juicios descritos en Apocalipsis 6; 8—9, y 16.

SEGUNDA VENIDA

La segunda venida se refiere al regreso prometido de Cristo (Juan 14:3; Tito 2:13). Algunas personas creen que el Rapto y la Segunda Venida son dos acontecimientos diferentes, que Cristo regresará para encontrarse con su Iglesia en el aire durante el Rapto y luego esperará siete años para su Segunda Venida en la cual establecerá su reinado en la tierra. Otras personas creen que los términos *Rapto* y *Segunda Venida* se refieren al mismo acontecimiento.

TRIBULACIÓN

Este término se refiere a un período futuro de maldad y juicio sin precedentes (Daniel 12:1). Durante la Tribulación, el Anticristo hará la guerra en contra del pueblo de Dios (Apocalipsis 13:1-18). A continuación, Dios enviará castigo tras castigo sobre la tierra y sus habitantes. Las Escrituras sugieren que la Tribulación durará siete años, divididos en dos períodos de tres años y medio cada uno.

YO SOY

DE UN BOCADO

Dios es infinitamente más complejo de lo que nosotros podemos imaginar. El basar nuestra opinión sobre él en uno o dos de sus atributos nos impide reconocer y apreciar de una forma más completa cómo es Él en verdad.

PUNTAPIÉ INICIAL – OPCIÓN 1

DISCULPEN LA INTERRUPCIÓN

Comienza la reunión mostrando a tus adolescentes una «escena al azar» de alguna película. De ser posible, escoge una película con la que tú estés familiarizado pero que tus chicos nunca hayan visto y acerca de la cual nunca hayan oído nada. (También deberás asegurarte de escoger una película que no contenga escenas censurables.)

Comienza mostrando unos 15 segundos de la primera escena de la película. Luego adelanta la cinta o el DVD hasta otra escena al azar, a aproximadamente 20 minutos de iniciada la película. Muestra otro fragmento de 15 segundos, y luego avanza hasta otra escena al azar a aproximadamente 40 minutos del inicio de la película. Continúa con este patrón de ver 15 segundos cada 20 minutos de la película hasta que llegues a los títulos finales.

Luego pide a los adolescentes que intenten dar sentido a lo que vieron, completando los vacíos entre cada escena. Anímalos a que reconstruyan tanto como puedan del argumento de la película, basándose en las escenas que vieron. También podrías pedirles que intenten definir cómo era cada uno de los personajes, o al menos los más importantes. Luego de que va-

Lo que necesitarás
- Biblias
- Bolígrafos o lápices
- Televisión o unidad de proyección de video y reproductor de videos o de DVD con control remoto (optativo)
- Una película en video o DVD que tus adolescentes no conozcan (optativo)
- Varios saboteadores asignados secretamente con anticipación para estropear el juego del teléfono (optativo)
- Una cosa especial escondida en una caja que tus chicos no puedan identificar fácilmente
- Una docena de tarjetas conteniendo pistas misteriosas acerca de la cosa especial
- Un premio tonto o divertido para entregar al adolescente que identifique primero la cosa especial
- Copias de **El panorama completo: Perspectivas limitadas** (página 74), una para cada adolescente
- Copias de **El panorama completo: Sus atributos** (página 75), una para cada adolescente

rios adolescentes hayan expresado sus opiniones, revela qué fue lo que en verdad ocurrió en la película, así como también las características reales de los personajes principales.

Presenta el tema de la lección señalando que, así como tus chicos no tenían suficiente información como para sacar una conclusión acertada con respecto a la película, muchas personas no tienen información suficiente como para sacar una conclusión acertada respecto de cómo es Dios.

PUNTAPIÉ INICIAL – OPCIÓN 2
SABOTAJE TELEFÓNICO

Este es el clásico juego del teléfono descompuesto, en el cual los participantes se sientan en ronda y van pasando un mensaje de persona a persona… pero con un retoque. Para este juego precisarás reclutar uno o dos chicos para sabotear el proceso.

Así es como funciona el juego. Tú te sentarás en ronda con tus adolescentes y susurrarás un mensaje a la persona sentada a tu derecha. Esa persona luego susurrará el mensaje a la próxima persona, quien a su vez lo susurrará a la siguiente, todos intentando repetir el mensaje ajustándose lo más posible al mensaje que recibieron y siguiendo así hasta que de la vuelta a toda la ronda. Cada jugador puede decirle a su compañero el mensaje una sola vez; no vale repetirlo si el otro no comprendió. Cuando la última persona recibe el mensaje, lo repite en voz alta y se compara con la versión original del mensaje que había echado a correr el primer participante, para ver cómo cambió. Los resultados son a menudo bastante graciosos.

Si deseas despertar el lado competitivo de tus adolescentes, anuncia que entregarás premios fabulosos si el grupo logra transportar un mensaje sin que se modifique ni se pierda ninguna palabra, todo alrededor del círculo. Tus saboteadores (uno para cada equipo), sin embargo, deberían asegurarse de que ningún mensaje llegue intacto al otro extremo. Pídeles que hablen entre dientes, que hablen lo más rápido que puedan, o que alteren levemente las palabras cuando les toque pasar el mensaje… cualquier cosa con tal de asegurarse de maximizar la confusión y minimizar la comprensión.

Luego de jugar un par de vueltas, confiesa al grupo la existencia de saboteadores, e indica quiénes eran y cuál fue la misión que les encargaste. Luego señala que aquello que es cierto con respecto al juego del teléfono descompuesto, también es cierto con respecto a nuestras nociones acerca de Dios: *Nuestra comprensión es solo tan fidedigna y confiable como los caminos que empleamos para llegar a ella.* Es por esta razón que todas nuestras opiniones acerca de cómo es Dios deberían venir directamente de su Palabra.

ENTRANDO EN TEMA

TOMA UNA PISTA

Trae a la reunión una caja con un elemento misterioso dentro. Anuncia que si tus adolescentes adivinan correctamente qué es esa cosa misteriosa dentro de un límite determinado de tiempo (tal vez 10 minutos), ganarán un premio. Luego explica que, dado que eres un ser humano tan maravilloso, has escondido tarjetas con pistas por todo el salón de reuniones para ayudar a tus chicos a identificar el elemento misterioso. Cuantas más pistas puedan encontrar dentro del tiempo permitido, más posibilidades tendrán de adivinar correctamente qué es la cosa misteriosa.

Antes de la reunión, deberás haber preparado y escondido varias tarjetas conteniendo pistas vagas acerca de qué cosa es el elemento misterioso. Por ejemplo, si la cosa que escogiste como elemento misterioso es una pelota de tenis, podrías escribir las siguientes pistas (menos lo que aparece entre paréntesis, por supuesto) en distintas tarjetas:

- es afelpada
- tiene una marca impresa *(el logo de la fábrica)*
- es de color claro
- debe ser devuelta
- sirve para hacer deporte
- viene en un cilindro
- va muy rápido
- es sometida a juicio *(una referencia a que los jueces de línea deben determinar si está dentro o fuera)*
- puede estar dentro
- puede estar fuera

Asegúrate de que las tarjetas estén bien escondidas. Idealmente, tus chicos no deberían poder encontrar más de la mitad de las tarjetas en el tiempo fijado. También asegúrate de que las pistas no sean demasiado obvias. No querrás que tus adolescentes sean capaces de identificar la cosa misteriosa basándose solo en una o dos pistas. Para impedir que tus chicos simplemente disparen una rápida sucesión de nombres de cosas al azar, intentando adivinar sin pistas suficientes, diles que hay un límite de dos o tres respuestas oficiales para cada grupo.

Luego tal vez desees presentar el tema de la lección con las siguientes preguntas:

GUIÓN PARA EL LÍDER JUVENIL

- **Si tus chicos tuvieron éxito en descubrir la cosa misteriosa, pregúntales: ¿Cuántas pistas necesitaron reunir para armarse una idea de**

MÁS MÁS MÁS

Toma una pista

Si no tienes el tiempo o la energía mental necesarios para preparar las tarjetas con pistas, puedes presentar el tema con un rompecabezas. Arma tú primero un rompecabezas de 48 piezas, y separa por un lado las piezas del borde, y por otro lado todas las piezas interiores. Antes de la reunión, esconde todas las piezas interiores lo mejor que puedas. Ya en la reunión, preséntales a tus adolescentes solo el borde armado. Concédeles una cantidad de tiempo determinada para intentar encontrar todas las piezas que puedan e identificar qué es la foto que aparece en el rompecabezas. Obviamente, cuantas más piezas encuentren, más posibilidades tendrán de identificar la foto. Para presentar el tema de la lección, señala que cuantos más pedacitos de información poseemos acerca de la naturaleza de Dios, mejor podemos armarnos una idea de cómo es él en verdad.

qué era lo que estaba dentro de la caja y descubrir el misterio?

- Si tus chicos no tuvieron éxito, pregúntales: ¿Qué fue lo que les impidió armarse la idea de qué era lo que estaba dentro de la caja? ¿Qué pistas los despistaron?
- ¿Qué pistas tenemos nosotros para armarnos una idea acerca de quién es Dios y de cómo es él?

DÁNDOLE AL LIBRO

EL PANORAMA COMPLETO

Distribuye lapiceras y copias de **El panorama completo: Perspectivas limitadas** (página 74) a tus adolescentes mientras se encuentra reunido todo el grupo… luego permíteles trabajar en grupos pequeños para completar la hoja. Además, por favor calcula cuánto tiempo crees que puede llevarle a tu grupo esta hoja de trabajo. Siéntete libre de subrayar solo las preguntas clave y de eliminar otras. Cuando todos hayan terminado, pide algunos voluntarios para compartir sus respuestas. Tal vez desees emplear los siguientes comentarios para guiar la discusión sobre esta hoja:

GUIÓN PARA EL LÍDER JUVENIL

- ¿Cuáles son algunas otras ideas equivocadas que las personas tienen acerca de Dios?
- ¿De dónde surgen esas ideas equivocadas?
- ¿Qué efectos pueden tener en nuestras vidas las ideas equivocadas acerca de Dios?

Si nadie más lo menciona, señala que algunas personas se imaginan a Dios como un bondadoso abuelito que vive en el cielo. Otros piensan en él como el propietario ausente del universo, aquel que dio comienzo a las cosas en la creación y después se fue, dejándonos aquí para arreglárnoslas solos. Aun otros se imaginan a Dios como un ser ultra maleable que es para cada uno como cada uno quiere que sea. Cada una de esas ideas erróneas es igual de inexacta e igual de perjudicial para una relación sana con Dios.

Tal vez desees sugerir (si nadie más lo hace) que la mayoría de las ideas equivocadas acerca de Dios surgen de una falta de información veraz acerca de él o de la tendencia a bajarlo a nuestro nivel y pensar en él en términos humanos.

Señala que nuestras creencias acerca de la naturaleza de Dios afectan no sola la manera en que interpretamos las Escrituras y nos comunicamos con él, sino también el modo en que les contamos a otros acerca de él. Si enfatizamos su justicia y su santidad a expensas de su amor, podemos desalentar a las personas que desearían conocerlo mejor. Si enfatizamos su amor a expensas de su justicia y su santidad, podemos hacer que las personas subestimen la seriedad del pecado.

Distribuye lápices y copias de **El panorama completo: Sus atributos** (página 75), y permite que tus adolescentes trabajen en parejas o en grupos pequeños para identificar los atributos de Dios. Cuando hayan finalizado, revela las respuestas correctas: *1-b; 2-e; 3-a; 4-j; 5-i; 6-d; 7-h; 8-f; 9-g; 10-c*. Conversen brevemente acerca de qué es lo que cada atributo nos revela con respecto a Dios… y sobre qué significa para cada uno, de manera personal.

Tal vez desees emplear los siguientes comentarios para complementar el debate:

GUIÓN PARA EL LÍDER JUVENIL

- **Los atributos de Dios existen en perfecta armonía. Él no ama algunos días sí y otros no. Él es siempre perfectamente amoroso, perfectamente justo, perfectamente santo, y así sucesivamente. Sus atributos nunca interfieren unos con otros ni se cancelan entre sí.**
- **El hecho de que nosotros no podamos alcanzar a comprender en su totalidad la perfección de los atributos de Dios no debería impedirnos el reconocer y alabar a Dios por ellos. Tengan en mente que estamos utilizando cerebros finitos para comprender conceptos infinitos.**
- **Nuestra comprensión de los atributos de Dios debería verse reflejada en nuestras vidas y en nuestra interacción con él. Por ejemplo, si verdaderamente creemos que Dios es santo, deberíamos llevar adelante todas las acciones necesarias para quitar el pecado de nuestras vidas. Si creemos que él es amoroso, deberíamos sentirnos cómodos y confiados de acudir a él con todos nuestros problemas. Si creemos que él lo sabe todo, deberíamos entregarle las riendas de nuestras vidas a él y permitirle que él nos guíe.**

QUE HAGA LA DIFERENCIA
CONOCIÉNDONOS MÁS

Mientras concluyes la lección, pide a tus adolescentes que se coloquen en parejas. Diles que compartan con sus parejas…

- cuál de los atributos de Dios es el más significativo en este momento para cada uno de ellos, y por qué
- cuál de los atributos de Dios es el más difícil de comprender o aceptar en este momento para cada uno de ellos, y por qué
- cómo les explicarían ellos los juicios de Dios que aparecen en el libro de Apocalipsis a las personas que no conocen mucho acerca de él

Antes de cerrar la lección en oración, pide a tus adolescentes que cada uno se comprometa a aprender una nueva verdad acerca de Dios cada día durante la próxima semana. Anímalos a llevar un registro de sus descubrimientos para poder compartirlos en la próxima reunión.

EL PANORAMA COMPLETO: PERSPECTIVAS LIMITADAS

Lee Apocalipsis 6, 8—9, y 19, y luego responde las siguientes preguntas basándote en lo que encuentras allí.

1. Si todo lo que supieras de Dios fuera lo que has leído en estos cuatro capítulos de Apocalipsis, ¿qué palabras emplearías para describir a Dios?

2. ¿Cuál sería tu opinión personal respecto a Dios?

3. ¿Qué podrías esperar de él?

Lee Juan 3:16, Romanos 5:8, y 1 Juan 4:7-12. Luego responde las siguientes preguntas basándote en lo que leíste.

1. Si todo lo que supieras de Dios fuera lo que has leído en estos versículos, ¿qué palabras emplearías para describirlo?

2. ¿Cuál sería tu opinión personal respecto a Dios?

3. ¿Qué podrías esperar de él?

EL PANORAMA COMPLETO: SUS ATRIBUTOS

Une el atributo con la definición apropiada.

Atributos

Definiciones

_____ 1. Eterno

_____ 2. Santo

_____ 3. Omnipresente

_____ 4. Justo

_____ 5. Amoroso

_____ 6. Omnipotente

_____ 7. Omnisciente

_____ 8. Soberano

_____ 9. Trascendente

_____ 10. Inmutable

a. Dios está justo aquí, con nosotros... siempre presente, siempre cercano.

b. No hubo un tiempo en el cual Dios no existiera, y nunca habrá un tiempo en el cual él no exista.

c. Dios es perfectamente consistente... no hay margen para que él mejore, y no hay posibilidades de que empeore.

d. Dios puede hacer cualquier cosa que esté en su naturaleza.

e. Todo acerca de Dios es bueno y correcto y perfecto... Él existe separado totalmente del pecado.

f. Dios es la autoridad suprema... Él no debe rendir cuentas a nadie y no puede ser influenciado por nadie.

g. Dios no está contenido por el universo ni por nada en el universo. Él no está sujeto a las leyes de la física ni a ninguna otra limitación de nuestro mundo.

h. Dios conoce todo lo que ha ocurrido en el pasado, todo lo que está ocurriendo en el presente, y todo lo que ocurrirá en el futuro... nada se encuentra más allá de su comprensión.

i. Dios busca tener una relación personal con nosotros y desea solo lo mejor para nosotros.

j. Dios no puede permitir que el mal permanezca sin castigo... debe pagarse un precio por el pecado. (¡Jesús hizo esto por nosotros!)

¡A SALVO!

DE UN BOCADO

Aunque puede que en ocasiones Dios permita que su pueblo atraviese dificultades y tragedias, él siempre nos protegerá de que estas situaciones nos aplasten.

PUNTAPIÉ INICIAL – OPCIÓN 1

MANCHA CONGELADA

Comienza la reunión con una variante de un famoso juego: la «mancha congelada», también conocido como el «corre que te pillo». Antes de comenzar el juego, infórmales secretamente a tres o cuatro de tus adolescentes que ellos serán «la mancha». Explícales que su objetivo será tocar a tantos jugadores como les sea posible. Para poder hacer esto, sin embargo, ellos deberán mantener su identidad (el hecho de ser «mancha») en secreto, justo hasta el momento indicado en el juego.

Anuncia al grupo que hoy jugarán a «la mancha» o a «corre que te pillo», y que un determinado objeto o lugar en el área de reunión (tal vez un sector marcado con cinta en el suelo) será la base… un lugar donde los jugadores podrán descansar a salvo, por 30 segundos cada vez. Nadie puede ser tocado mientras está parado en, o tocando, la base. Luego de 30 segundos, el jugador debe alejarse al menos 10 pasos de la base antes de que tenga derecho a regresar.

Explica que cuando un jugador es tocado por «la mancha» debe «congelarse» (quedarse quieto y en el lugar) hasta que otro jugador lo «descongele» (lo toque). Luego da inicio al juego, sin revelar quién es «mancha».

Lo que necesitarás
- Biblias
- Lapiceras o lápices
- Un objeto grande o un espacio en el suelo para ser la base en la «mancha congelada» (optativo)
- Cinta adhesiva de color para marcar la base en el suelo (optativo)
- Varios adolescentes o líderes voluntarios para ser «manchas» (optativo)
- Bases de béisbol (si juegan afuera) o espacios marcados en el suelo como bases (optativo)
- Guantes de béisbol (optativo)
- Una pelota pequeña y liviana (optativo)
- Una hoja de papel tipo afiche para cada adolescente
- Pintura y pinceles, o marcadores
- Copias de **La mejor protección** (páginas 83-85), una para cada adolescente
- Copias de **Nuestro fiel compañero** (página 86), una para cada adolescente

Deja que los adolescentes que hayas designado en secreto antes del juego sean quienes se revelen a ellos mismos del modo que prefieran y en el momento que elijan. Si lo haces bien, puedes crear toda clase de tensiones y paranoia. Primero, mientras los jugadores esperan a que la persona que es «mancha» se revele a sí misma, y luego cuando descubran que hay más de una.

Continúen con el juego hasta que la mayoría de los participantes estén «congelados». Presta especial atención a lo que sucede alrededor de la base. A continuación, presenta el tema de la lección empleando algunas o todas de las siguientes preguntas:

GUIÓN PARA EL LÍDER JUVENIL

- **¿Cuántos de ustedes se sintieron seguros o confiados antes de iniciar el juego, creyendo que no iban a ser tocados por «la mancha»? ¿Por qué?**
- **¿Cuántos de ustedes se sorprendieron por lo que pasó durante el juego?**
- **¿Cuál era la mejor estrategia para permanecer a salvo durante el juego?**
- **¿Cuál es la mejor estrategia para permanecer a salvo en la vida de todos los días?**
- **En nuestro juego, el lugar seguro (la base) era imperfecto, porque solo podíamos quedarnos allí por un corto tiempo. ¿Cuáles son algunos de los inconvenientes o debilidades de los «lugares seguros» que ustedes tienen en la vida real?**

PUNTAPIÉ INICIAL – OPCIÓN 2

ENTRE BASES

He aquí otro juego popular entre los niños. Tus adolescentes jugarán de a tres en cada turno. Dos jugadores estarán de pie cerca de una especie de bases (como de béisbol) colocadas a 6 ó 9 metros de distancia una de la otra. El tercero comenzará en el medio, entre las dos bases. El juego se juega de manera algo similar a una carrera de béisbol. El corredor del medio intenta llegar a una de las bases mientras los otros dos jugadores intentan tocarlo con la pelota, la cual se van arrojando entre ellos hacia un lado o el otro a medida que el jugador del medio se acerca. Para crear el efecto completo, podrías equipar a los dos jugadores con guantes de béisbol.

Luego puedes emplear las siguientes preguntas para presentar el tema de la seguridad:

GUIÓN PARA EL LÍDER JUVENIL

* **En nuestro juego, las bases eran seguras. ¿A dónde van ustedes para buscar seguridad en sus vidas de todos los días?**
* **¿Cuáles son algunas de las cuestiones que les impiden a ustedes encontrar la seguridad que están buscando?**

ENTRANDO EN TEMA
LA SEGURIDAD PRIMERO

Distribuye hojas grandes de papel tipo afiche y pintura o marcadores de colores. Pide a tus adolescentes que pinten, dibujen o representen visualmente de algún otro modo el lugar más seguro que puedan imaginar. No les brindes más información que esto. Permíteles que expresen sus propias ideas de lo que significa estar seguro. Si a tus adolescentes les dan un poco de vergüenza sus habilidades artísticas, asegúrales que las personas hechas con palitos y los diagramas ultra sencillos son perfectamente aceptables. Luego, pide algunos voluntarios para mostrar y explicar sus trabajos.

Tal vez desees emplear las siguientes preguntas para guiar la discusión sobre esta actividad:

GUIÓN PARA EL LÍDER JUVENIL

* **¿Cuán seguro es el mundo en que ustedes viven?** (Si tienes adolescentes de diferentes trasfondos, anímalos a comparar puntos de vista y a explicar por qué cada uno se siente de un modo distinto.)
* **¿Cuáles son algunas cosas que hacen más seguro el mundo?** (Intenta hacerlos pensar. Tú puedes sugerir cosas como los cinturones de seguridad, las airbags, los oficiales de policía, los pasos peatonales pintados en las esquinas, y cualquier otra cosa que se te ocurra.
* **¿Cuáles son algunas cosas que hacen que el mundo no sea seguro?**
* **¿Cuál fue la situación más peligrosa que experimentaron? ¿Cómo hicieron para salir de esa situación?** (Anima a los voluntarios a que compartan, pero no fuerces a nadie a revivir una experiencia traumática.)
* **¿Creen ustedes que el mundo es un lugar más peligroso para los cristianos que para los no cristianos, o al revés? ¿Por qué?**

MÁS MÁS MÁS
La seguridad primero
El debate de **La seguridad primero** prácticamente pide a gritos algunos testimonios dramáticos. Invita algunos amigos, conocidos, o miembros de la iglesia que hayan experimentado la protección de Dios en modos asombrosos, para que brevemente compartan sus historias con tus adolescentes.

DÁNDOLE AL LIBRO
LA MEJOR PROTECCIÓN

Distribuye lápices y copias de **La mejor protección** (páginas 83-85) a tus adolescentes mientras se encuentra reunido todo el grupo. Luego permíteles trabajar en grupos pequeños para completar la hoja. Además, por favor calcula cuánto tiempo crees que puede llevarle a tu grupo esta hoja de trabajo. Siéntete libre de subrayar solo las preguntas clave y de eliminar otras. Tal vez desees emplear los siguientes comentarios para complementar la discusión sobre Apocalipsis 7 y 14:

GUIÓN PARA EL LÍDER JUVENIL

- **El juicio de Dios, tal como se describe en el libro de Apocalipsis, es muy específico e intencional, con un propósito determinado. Él no arroja al azar desastres naturales desde el cielo, intentando lastimar a tantas personas como sea posible. Sus juicios logran exactamente lo que él desea que logren**
- **Incluso en medio de desastres y destrucción sin precedentes, Dios demuestra preocupación y protección hacia su pueblo. Esta es una demostración de la verdad de que el amor de Dios existe en perfecta armonía con su santidad y su justicia. Un atributo nunca cancela a otro atributo, ni se interfieren entre sí, no importa cuál sea la circunstancia.**
- **Dios espera que su pueblo atraviese con fe las circunstancias que le toque enfrentar, sin importar cuán difíciles o dolorosas puedan ser. Junto con esa expectativa, sin embargo, Dios se pone a sí mismo a disposición como una fuente de consuelo, aliento y protección.**
- **Para los cristianos, el soportar con fe los sufrimientos terrenales es recompensado por bendiciones celestiales… y una de las más importantes es el privilegio de pasar la eternidad en la presencia de Dios mismo.**

PONGÁMONOS TEOLÓGICOS

LA MEJOR PROTECCIÓN

Si deseas lidiar con el *quién*, el *qué*, y el *cuándo* de Apocalipsis 7 y 14, señala que algunos cristianos creen que «los 144.000 de todas las tribus de Israel» representan a los judíos fieles que van a estar vivos durante la Tribulación. Otras personas creen que el número representa a todos los creyentes fieles que van a estar vivos durante la Tribulación… en otras palabras, creen que la iglesia es el «Israel espiritual». Y aún otros creen que este número se refiere a los creyentes judíos del pasado que permanecieron fieles durante tiempos de persecución.

Tal vez deseen consultar juntos **Días de juicio con definiciones** (páginas 65-67), de la lección 6, si los adolescentes necesitan ayuda para recordar el significado de términos como *Tribulación*.

QUE HAGA LA DIFERENCIA

NUESTRO FIEL COMPAÑERO

Distribuye lápices y copias de **Nuestro fiel compañero** (página 86). Permite a los adolescentes trabajar en forma individual, en parejas o en grupos pequeños para completar la hoja… lo que funcione mejor para el tamaño de tu grupo. Luego pide voluntarios para compartir sus respuestas.

Mientras concluyes la lección, tal vez desees hacerles estas preguntas a tus chicos:

GUIÓN PARA EL LÍDER JUVENIL

- ¿Qué es lo que Dios le promete a su pueblo en lo que se refiere al sufrimiento?
- ¿Por qué suponen ustedes que Dios permite que su pueblo experimente sufrimientos y tiempos difíciles?
- ¿Puede algo bueno salir del sufrimiento? ¿Sí, qué cosa? ¿No, por qué?
- ¿Cuál es el mejor modo para un cristiano de responder ante el sufrimiento?

UNAS NOTAS MÁS ACERCA DEL SUFRIMIENTO:

- Anima a tus adolescentes a compartir sus sentimientos personales, no respuestas típicas y perfectas de Escuela Dominical.
- Complementa sus respuestas, señalando *por qué* Dios permite que experimentemos tragedias y tiempos difíciles. Incluso, el saber esto no es tan importante como el comprender *cómo* responder ante tales circunstancias.
- En lugar de hacer que nos cuestionemos la existencia de Dios o su amor por nosotros, nuestros sufrimientos deberían acercarnos más a Dios y provocar que busquemos su fortaleza y su consuelo.
- Tal y como muchos personajes de la Biblia descubrieron, el sufrimiento de hecho sirve para fortalecer la fe. Así como el realizar ejercicios exigentes en el gimnasio ayuda a fortalecer los músculos, el atravesar un tiempo difícil en la vida de un modo que honre a Dios ayuda a aumentar la fortaleza espiritual y la paciencia.
- Cuando hemos experimentado el sufrimiento nosotros mismos, podemos comprender mejor a otras personas que están sufriendo. Cuando tenemos conocimiento de primera mano acerca de las emociones y las preguntas que otras personas tienen, podemos acercarnos a ellas en modos que harán una diferencia en sus vidas.
- Pero en última instancia debemos aceptar el hecho de que nunca comprenderemos totalmente las razones que Dios tiene para permitir el su-

MÁS MÁS MÁS
Nuestro fiel compañero
Desafía a tus adolescentes a memorizar los pasajes de **Nuestro fiel compañero** (página 86). Entrega premios en la próxima reunión a aquellos que puedan recitar los versículos con no más de unos pocos errores mínimos. Si deseas agregar un poco de diversión a la tarea, anuncia que en la semana que comienza tú vas a estar llamando a cada uno de tus chicos a sus hogares en horarios al azar; aquellos que respondan al teléfono recitando uno de los versículos (en lugar de decir «¿Holaaaa?») ganarán fabulosos premios.

frimiento. En algún punto debemos aceptar el hecho de que él sabe lo que hace, y confiar en que él nos sostendrá. También debemos reconocer que no importa cuán serias se pongan las cosas aquí en la tierra, es temporario. Está garantizado que no tendremos problemas en la eternidad, ya que disfrutaremos de las recompensas de una vida en el cielo con Dios.

- Cierra la reunión con una oración grupal. Pide a un voluntario que lea la promesa de Dios en Josué 1:5: «no te dejaré ni te abandonaré». Alienta a tus chicos a que respondan a esa promesa en sus oraciones, si no es en voz alta en silencio, agradeciéndole a Dios por su fidelidad y pidiéndole que los ayude a aplicar esa promesa en sus vidas cuando enfrenten luchas, persecuciones o tragedias.

DIGNO DE ADORACIÓN

A GRAN VOZ

Los capítulos 7 y 14 de Apocalipsis contienen vívidos ejemplos de adoración, ¡con estilo apocalíptico! En el capítulo 7 se encuentra esta escena, que Juan describe: «Después de esto miré, y apareció una multitud tomada de todas las naciones, tribus, pueblos y lenguas; era tan grande que nadie podía contarla. Estaban de pie delante del trono y del Cordero, vestidos de túnicas blancas y con ramas de palma en la mano. Gritaban a gran voz: "¡La salvación viene de nuestro Dios, que está sentado en el trono, y del Cordero!" Todos los ángeles estaban de pie alrededor del trono, de los ancianos y de los cuatro seres vivientes. Se postraron rostro en tierra delante del trono, y adoraron a Dios diciendo: "¡Amén! La alabanza, la gloria, la sabiduría, la acción de gracias, la honra, el poder y la fortaleza son de nuestro Dios por los siglos de los siglos. ¡Amén!"» (versículos 9 a 12).

En el capítulo 14, un ángel gritaba a gran voz: «Teman a Dios y denle gloria, porque ha llegado la hora de su juicio. Adoren al que hizo el cielo, la tierra, el mar y los manantiales» (versículo 7).

Dediquen algún tiempo como grupo para cantar a gran voz al Señor, dándole gracias por su fortaleza, por su sabiduría, y por la salvación que nos regaló por medio de Jesús.

LA MEJOR PROTECCIÓN

Las siguientes preguntas son traídas a ustedes por cortesía de su líder juvenil. Se agradece su pronta respuesta… o, al menos, su respuesta.

APOCALIPSIS 7:1-8

1. Los cuatro vientos en este pasaje representan las fuerzas destructivas de Dios. ¿Por qué están los ángeles deteniéndolos?

2. ¿Por qué es el sello de Dios importante en este pasaje?

3. ¿Puedes pensar en algún otro ejemplo en la Biblia en el cual Dios haya mantenido a salvo a su pueblo o a sus hijos a pesar de situaciones amenazantes?

4. ¿Te consideras tú *marcado* por Dios? Si es así, ¿qué significa esto para ti?

APOCALIPSIS 7:9-17

5. ¿Cómo se describe a la multitud que está de pie delante del trono de Dios? ¿Qué es lo que más te llama la atención de esta descripción?

6. ¿Qué es lo que hace que Dios sea el dueño de nuestra salvación?

7. Dios nos da el regalo de la salvación. ¿En qué sentido es esta una forma de protección?

8. ¿Cómo expresarías tú una alabanza a Dios por su regalo de salvación?

9. ¿Qué opinas de la compensación que se describe en los versículos 15 al 17? (*Una eternidad sirviendo frente al trono de Dios, a cambio de no sufrir nunca ni hambre, ni sed, ni tristeza, ni malestar.*)

APOCALIPSIS 14:1-5

10. En el Antiguo Testamento, un «cántico nuevo» celebraba una nueva experiencia de liberación o de bendición por parte de Dios hacia su pueblo. ¿Qué es lo que celebra el «himno nuevo» que se menciona en este pasaje?

11. Si tuvieras que escribir un himno nuevo que hable acerca de lo que Jesús ha hecho por ti, ¿cuál sería el título de este himno?

12. ¿Cómo son descritos en este pasaje los «144.000»?

APOCALIPSIS 14:6-13

13. ¿Qué significa temerle a Dios? ¿Qué significa darle gloria? ¿Qué significa adorarlo?

14. ¿Qué futuro les espera a aquellas personas que elijan darle la espalda a Dios?

15. A la luz de la advertencia que da el tercer ángel, ¿por qué querría alguien darle la espalda a Dios?

16. ¿Qué es la perseverancia (versículo 12)? ¿Cómo puede desarrollar perseverancia un cristiano? ¿Por qué es importante que los cristianos desarrollemos perseverancia?

17. ¿Cuáles son algunas de las cosas que hacen difícil el tener perseverancia?

18. ¿En qué sentido es la advertencia del versículo 13 similar al viejo dicho: «A veces es más difícil vivir para Cristo que morir por él»? ¿Estás de acuerdo con esto? ¿Por qué sí o por qué no?

19. ¿Bajo qué circunstancias podría ser más fácil morir por Cristo que vivir para él?

APOCALIPSIS 14:14-20

20. ¿Qué es lo que te sugieren las imágenes de la hoz y la cosecha?

21. ¿Quién es el que está cosechando?

NUESTRO FIEL COMPAÑERO

En cada uno de los siguientes pasajes, reemplaza las frases que se encuentran tachadas por palabras que hagan que el pasaje sea más personal para ti. Por ejemplo, en el Salmo 139:8 podrías reemplazar «si me estableciera en los extremos del mar» por «si tuviera que mudarme a otra ciudad para ir a la universidad».

«Pues estoy convencido de que ni la muerte ni la vida, ni ~~los ángeles~~ ni ~~los demonios~~, ni lo presente ni lo por venir, ni los poderes, ni ~~lo alto~~ ni ~~lo profundo~~, ni cosa alguna en toda la creación, podrá apartarnos del amor que Dios nos ha manifestado en Cristo Jesús nuestro Señor» (Romanos 8:38-39).

«¿A dónde podría alejarme de tu Espíritu? ¿A dónde podría huir de tu presencia? Si ~~subiera al cielo~~, allí estás tú; si ~~tendiera mi lecho en el fondo del abismo~~, también estás allí. Si me ~~elevara sobre las alas del alba~~, o me ~~estableciera en los extremos del mar~~, aun allí tu mano me guiaría, ¡me sostendría tu mano derecha!»(Salmo 139:7-10).

«…Y les aseguro que estaré con ustedes siempre, [incluso] ~~hasta el fin del mundo~~». (Mateo 28:20).

¿ESTO ENTRA EN EL EXAMEN?

APOCALIPSIS 11 — 13; 17 — 18

DE UN BOCADO

Ciertos pasajes de la Palabra de Dios son difíciles de comprender a primera vista. Afortunadamente para nosotros, Dios recompensa cualquier esfuerzo diligente y genuino que hagamos para descubrir la verdad en su Palabra.

PUNTAPIÉ INICIAL – OPCIÓN 1

ENCUENTREN ESE TESORO

Antes de la reunión, deberás inventar, preparar y esconder varias pistas para una búsqueda del tesoro. Puedes hacer las pistas tan elaboradas o tan simples como desees. Por ejemplo, podrías:

- Escribir una columna de números que, al sumarlos todos, revelen un número telefónico al cual haya que llamar para obtener la siguiente pista
- Escribir el número de patente de un automóvil que se encuentre en el estacionamiento de la iglesia con la siguiente pista escrita en el parabrisas.
- Entregar una fotografía de algún lugar muy conocido en el cual se encuentre ubicada la siguiente pista.

Cualesquiera pistas decidas emplear, debes asegurarte de que cada una conduzca de manera lógica hasta la siguiente. En otras palabras, no prepares pistas tan rebuscadas que tus equipos no logren descifrarlas. Tal vez desees habilitar una «línea de ayuda» telefónica (empleando un adulto

Lo que necesitarás

- Biblias
- Lapiceras o lápices
- Al menos media docena de pistas para la búsqueda del tesoro, escritas sobre hojas de papel y escondidas en diferentes lugares (optativo)
- Medios de transporte para los equipos de la búsqueda del tesoro (optativo)
- Varios premios excitantes para entregar al equipo ganador (optativo)
- Bocadillos escondidos en un lugar especial para tus adolescentes (optativo)
- Copias de tu mensaje en clave, una para cada chico (optativo)
- Copias de ¿Qué dice? (páginas 93-97), una para cada adolescente
- Copias de Es bueno saberlo (páginas 98-99), una para cada adolescente

voluntario y un teléfono celular) para que los equipos puedan llamar si llegan a perderse o si se estancan con una pista.

Dependiendo de cuánto tiempo (y qué medios de transporte) tengan a su disposición, el área para desarrollar la búsqueda del tesoro puede ser tan pequeña como el edificio en el que se reúnen, o tan grande como la ciudad entera. Si resulta apropiado, puedes ponerle un nombre a la búsqueda del tesoro que se relacione con el objeto que se está buscando. Por ejemplo, podrías esconder un sombrero de hombre y llamar a tu búsqueda del tesoro «La Búsqueda del Sombrero Marrón».

Cuando los adolescentes lleguen a la reunión, divídelos en equipos para la búsqueda. Distribuye la primera pista, una copia para cada equipo, y permite que el juego comience. Entrega fabulosos premios al equipo que primero encuentre el tesoro.

Luego presenta el tema de la lección explicando que hoy van a estar hablando acerca de un tipo diferente de búsqueda del tesoro… la búsqueda de la verdad, que a veces parece enterrada en pasajes de la Biblia difíciles de comprender.

PUNTAPIÉ INICIAL – OPCIÓN 2
DESCIFRA EL CÓDIGO

En el lugar de la mesa donde sueles colocar los bocadillos, coloca un plato con un montón de papeles, cada uno con la misma oración escrita en código. Explica a tus chicos que la oración en código revela dónde se encuentran ubicados los bocadillos. Cuando tus adolescentes descifren el código y comprendan la oración, pueden abalanzarse sobre la comida. (¡Vaya motivación!) Permite a tus chicos trabajar en parejas o en equipos para descifrar el código.

Hay infinitos códigos que puedes utilizar. Por ejemplo, podrías sustituir cada consonante por la tercera consonante que le siga en el abecedario (por ejemplo la *K* se convertiría en *N*, y la *X* se convertiría en *B*), y cada vocal con la vocal que la preceda en el abecedario (es decir que la *O* se convertiría en *I*, y la *A* se convertiría en *U*).

Aquí hay un ejemplo de cómo podría quedar tu mensaje. Si el mensaje original fuera:

LOS BOCADILLOS ESTÁN ESCONDIDOS
EN EL ASIENTO DELANTERO DE MI AUTOMÓVIL.

…al traducirlo mediante el código que acabamos de describir, quedaría así:

ÑIV FIGUHEÑÑIW AWXUQ AWGIQHEHIW
AQ AÑ UWEAQXI HAÑUQXAVI HA PE UOXIPIYEÑ

Presenta el tema de la lección pidiéndoles a tus adolescentes que piensen en algunas otras cosas que a veces parecen estar escritas en código. Si nadie las menciona, sugiere cosas tales como la tarea de matemáticas, la letra pequeña debajo del anuncio de un concurso, o los ingredientes que figuran en una caja de cereales. Señala también que algunos pasajes de la Biblia son tan difíciles de comprender que parece que estuvieran escritos en código.

ENTRANDO EN TEMA
REFERENCIAS OBSCURAS

Inicia la conversación preguntando a tus adolescentes si saben lo que significa el término «*chiste interno*». Si tus chicos no conocen el término, explícales que un chiste interno es una palabra, frase, sobrenombre, o alguna cuestión graciosa que solo un grupo selecto de personas comprenden y aprecian. Por ejemplo, un grupo de amigos cercanos, un grupo de compañeros de trabajo, o una familia. En otras palabras, los chistes internos son eso que ocurre cuando todos los demás se ríen y a ti te dicen: «Es que tú no lo vas a entender», probablemente porque te falte conocer algo que ocurrió o que alguien dijo en alguna reunión anterior de ese mismo grupo.

Comparte con tus adolescentes un par de chistes internos que tú y tus amigos tengan. Explica (tan bien como puedas) cuál fue el origen del chiste, por qué tú y tus amigos lo adoptaron para su uso personal, y cómo ha evolucionado a lo largo de los años. Pide a algunos voluntarios que compartan con el grupo sus propios chistes internos que sean apropiados para este tipo de reunión.

Luego tal vez desees emplear las siguientes preguntas para guiar la discusión:

GUIÓN PARA EL LÍDER JUVENIL

- **¿Alguna vez leyeron un pasaje de la Biblia que les haya parecido una especie de chiste interno… como una referencia obscura que solo ciertas personas podrían comprender? De ser así, denme un ejemplo.**
- **¿Cómo responden ustedes a los pasajes desafiantes de la Biblia, o cómo los enfrentan? ¿Por qué?**
- **¿Por qué suponen ustedes que Dios escogió hacer que su Palabra (o al menos parte de ella) fuera tan difícil de entender?** (Ya se tratará nuevamente sobre esta pregunta más adelante en la lección. En este punto solo estas buscando las opiniones de tus chicos.)

Prepárate para predicar con el ejemplo aquí. Habla acerca de algún pasaje de la Biblia que siempre te haya parecido un poco misterioso o que te haya causado algo de frustración al intentar comprenderlo. Conversa acerca de cómo enfrentaste esa confusión o cómo respondiste a la frustración en ese momento.

Presenta el estudio bíblico señalando que los pasajes que van a estar leyendo hoy (Apocalipsis 11—13 y 17—18) están en el "ranking" de los pasajes más difíciles de comprender de todas las Escrituras.

- *Mateo 13:31-32*
- *Mateo 22:1-14*
- *Lucas 5:37-38*

MÁS MÁS MÁS
Referencias obscuras
Explica que Jesús mismo a menudo empleó parábolas (historias y ejemplos ilustrativos) para comunicar sus verdades, para gran frustración de sus discípulos. Para darles a tus adolescentes un ejemplo de lo que enfrentaron los discípulos de Jesús, lee un par de parábolas de Jesús en...

Señala que el significado de las parábolas de Jesús no era inmediatamente obvio, ni siquiera para sus amigos más cercanos. Las parábolas requerían una cierta dosis de pensamiento y reflexión por parte de quienes las oían.

DÁNDOLE AL LIBRO
¿QUÉ DICE?

Distribuye lápices y copias de **¿Qué dice?** (páginas 93-97) a tus adolescentes mientras se encuentra reunido todo el grupo… luego permíteles trabajar en grupos pequeños para completar la hoja. Además, por favor calcula cuánto tiempo crees que puede llevarle a tu grupo esta hoja de trabajo. Ten la libertad de subrayar solo las preguntas clave y de eliminar otras.

Divide al grupo en tres o cuatro grupos de estudio. Asigna a cada grupo una o dos porciones de la hoja para completar. Luego pídele a un voluntario de cada equipo que resuma los pasajes de su equipo y sus respuestas para el resto del grupo.

Recuerda que estos pasajes son terreno pantanoso. Deberás estar a disposición de tus chicos para responder sus preguntas cuando lo necesiten. (De hecho, tal vez desees deshuesar tú primero estos pasajes, incluso discutirlos con tu pastor, para estar listo para responder al menos algunas de las preguntas que te traigan tus chicos.)

Tal vez desees emplear los siguientes comentarios para complementar la discusión sobre Apocalipsis 11—13 y 17—18:

GUIÓN PARA EL LÍDER JUVENIL
- **Hay veces que el permanecer fieles al llamado de Dios tiene un gran costo personal. A los dos testigos (o a los innumerables testigos que están simbolizados por los dos testigos, dependiendo de tu interpretación), el permanecer fieles a Dios les costó la vida. En el panorama completo de las cosas, sin embargo, el sacrificio momentáneo palidece en comparación con las recompensas eternas que Dios tiene preparadas para aquellos que le son fieles.**

- Ninguna situación está jamás fuera del alcance del poder de Dios. Uno podría pensar que la muerte de los dos testigos sería el fin de sus testimonios. Incorrecto. Dios simplemente intervino en las leyes físicas de la vida y la muerte, para llevar a cabo su voluntad. Si él puede hacer eso, ciertamente él puede intervenir en cualquier situación que a nosotros nos parezca sin solución.
- Dios ha permitido que Satanás tenga un cierto control sobre nuestro mundo en este momento. Eso significa que si nosotros estamos viviendo la clase de vida a la que Dios nos llama, deberíamos esperar no solo sobresalir, sino también que se burlen de nosotros o incluso que nos persigan por nuestra fe. (Y recuerda, hay gobiernos alrededor del mundo que persiguen a millones de cristianos hoy en día.)
- Aunque finalmente Satanás será vencido por Dios, él es igualmente una fuerza poderosa a la cual hay que tener en cuenta. Los cristianos no deberíamos tenerle miedo a Satanás, pero deberíamos conocer su poder y estar en guardia contra él en todo momento.
- Al final, en su tiempo, Dios va a castigar todo el mal (incluido el mal dirigido hacia su pueblo). Su juicio va a ser devastador, completo, y perfecto.

Que haga la diferencia

Es bueno saberlo

Da a tus adolescentes una oportunidad de compartir cualquier frustración que tengan con respecto al pasaje que acaban de estudiar. Luego repite la misma pregunta que hiciste antes acerca de por qué Dios querría hacer que su Palabra (o al menos partes de ella) sea tan difícil de comprender.

Para ayudarlos a responder esta pregunta, pídele a un voluntario que lea Mateo 22:37-38. Ayuda a tus adolescentes a comprender que el utilizar nuestras mentes (especialmente en relación a la Palabra de Dios) es un modo de mostrar nuestro amor y nuestra adoración hacia él. Incluso, es parte de nuestro servicio a él. Cuanto más esfuerzo pongamos en comprender la Palabra de Dios, más lo estaremos honrando.

Pide voluntarios para que lean los siguientes pasajes:

- *Salmo 119:97-104*
- *Proverbios 2:1-5*
- *Mateo 7:7-8*

Tal vez desees explicar que:

PONGÁMONOS TEOLÓGICOS

¿Qué dice? Dependiendo de cuánta exposición quieras que tus adolescentes tengan a las variadas interpretaciones de Apocalipsis 11—13 y 17—18, podrías usar parte de, o toda, la siguiente información:

- Algunos cristianos creen que los dos testigos que se describen en Apocalipsis 11 simbolizan a los creyentes que compartirán su fe, a pesar de la persecución, durante los últimos días antes del regreso de Jesús. Otros cristianos creen que los testigos son individuos reales que serán asesinados por causa de su testimonio.
- Algunos cristianos creen que la bestia (o el anticristo) es un modo simbólico de referirse al Imperio Romano, y que la mayoría de las profecías referidas a la bestia ya han sido cumplidas. Otros cristianos creen que la bestia es una persona de verdad. De hecho, muchas personas famosas a lo largo de la historia han sido acusadas de ser el anticristo.
- Algunos cristianos creen que la segunda bestia (o el falso profeta) es un modo simbólico de referirse a las figuras o instituciones religiosas que en realidad sirven a autoridades terrenales. Otros cristianos creen que la segunda bestia es una persona real.

GUIÓN PARA EL LÍDER JUVENIL

Palabras tales como *buscar, meditar* **y** *escudriñar* **dejan claro que estudiar la Biblia no es una actividad que deberíamos abordar de un modo casual o pasivo. Si vamos a descubrir el verdadero significado de la Palabra de Dios, si vamos a comprender de ella lo que él desea que comprendamos, debemos esforzarnos y mucho.**

Esto significa que no podemos descartar las partes difíciles. Si un pasaje no tiene sentido para nosotros, debemos tomar todas las acciones necesarias hasta descubrir lo que significa. Aquí tienen algunas ideas para empezar.

Distribuye copias de **Es bueno saberlo** (páginas 98-99). Permite a los adolescentes un tiempo para leer la hoja y para hacer cualquier pregunta que les surja. Tal vez desees emplear las siguientes preguntas para guiar la discusión sobre esta hoja:

GUIÓN PARA EL LÍDER JUVENIL

- **¿Cuál de estos consejos es el más urgente para cada uno de ustedes en este momento? ¿Por qué?**
- **¿Quién sería un buen líder de estudio bíblico para cada uno de ustedes? ¿Por qué?**
- **¿Qué efectos puede tener en la vida de cada uno el realizar un estudio bíblico regular y significativo? Explíquense.**

Pide a un voluntario que lea Mateo 7:7-8 nuevamente. Señala que Dios siempre recompensa los esfuerzos sinceros que hacemos por comprender su Palabra. Dicho de otro modo, si llamamos y llamamos durante suficiente tiempo, él abrirá para nosotros la puerta de la comprensión.

Mientras concluyes la lección, desafía a tus chicos a estudiar (no solo a leer) en la semana que comienza al menos un pasaje bíblico que nunca antes hayan explorado en detalle. Anímalos a emplear los consejos que se listan en **Es bueno saberlo**.

¿QUÉ DICE?

Bueno, ¡tienes un gran desafío aquí! Estas preguntas van a requerir bastante esfuerzo de tu parte... pero el completarlas todas va a ser realmente divertido. Aunque primero vas a tener que pasar algo de tiempo leyendo los pasajes sobre los cuales se basan estas preguntas... ¡y esto sí que puede ser duro! ¿Estás preparado?

APOCALIPSIS 11:1-14

1. Tomando como base un mes de 30 días, ¿cuántos meses son 1260 días?

2. ¿Por qué es ese número de meses significativo? (*Una pista:* piensa en la Tribulación.)

3. ¿Qué es lo que te indica acerca de los testigos lo que se dice sobre sus habilidades y poderes?

4. ¿Qué cosas encuentras en común entre este pasaje y la historia de Elías y los mensajeros de Ocozías en 2 Reyes 1:10-12?

5. ¿Qué es lo que sugiere acerca de la bestia, o el anticristo, el hecho de que suba del abismo?

6. ¿Por qué supones que el mundo responde tan fríamente ante la muerte de los testigos?

7. ¿Quiénes son los testigos de Dios hoy en día? ¿Cómo responden las personas a ellos?

8. ¿Cuál es el ejemplo más extremo de evangelismo que hayas presenciado... o del cual hayas sido protagonista?

9. ¿Cómo respondió el mundo ante la repentina resurrección de los dos testigos (versículo 11)?

APOCALIPSIS 11:15-19
10. ¿Por qué motivo adoran a Dios los veinticuatro ancianos en este pasaje? ¿Por qué es esto tan importante para ellos?

11. ¿A quién recompensará Dios?

12. ¿Cuál es la recompensa de Dios para aquellos que permanecen fieles y obedientes a él?

13. ¿Qué significa hoy en día el temer el nombre de Dios?

14. ¿Qué símbolos del poder de Dios se mencionan en el versículo 19?

APOCALIPSIS 12:1 — 13:1
15. ¿Cómo interpretarías y explicarías Apocalipsis 12:1-6 si la mujer representa a Israel, el dragón representa a Satanás, el bebé representa al Mesías, el desierto representa un lugar de refugio espiritual, y los 1260 días representan un tiempo de protección espiritual ante la persecución mundial?

16. ¿Qué es lo que nos dice acerca de la fuerza de Satanás la batalla celestial entre este y Miguel?

17. ¿En qué modos Satanás engaña al mundo?

18. ¿En qué modo vence a Satanás la sangre del Cordero?

19. Como cristianos, ¿cuál debería ser nuestra actitud hacia Satanás?

APOCALIPSIS 13:1-10

20. Basándote en la descripción que ofrece este pasaje, ¿cómo te imaginas a la bestia o al anticristo?

21. ¿Cómo interpretarías el versículo 1 si los cuernos representan el poder?

22. ¿Cómo hace la bestia para llamar la atención del mundo y para fascinarlo?

23. ¿Cómo explicas su sanidad «milagrosa»?

24. ¿Por qué es importante comprender que a la Bestia *le es dado* el poder?

25. ¿Por qué la gente es tan rápida para seguir a cualquiera que se presente como un líder dinámico y con carisma?

26. ¿Por qué son la perseverancia y la fidelidad atributos importantes para todos los cristianos?

APOCALIPSIS 13:11-18

27. ¿En qué consistía el trabajo de la segunda bestia (o el falso profeta)?

28. ¿Cuál es el milagro, llevado a cabo por la segunda bestia, que capta la atención del mundo?

29. ¿Cómo responderán las personas ante la imagen que se describe en el versículo 15?

30. ¿Cuál es el propósito de la marca que se describe en los versículos 16 y 17?

31. ¿Qué les ocurrirá a aquellos a quienes se les ponga la marca? ¿Qué les ocurrirá a aquellos que se nieguen a ponerse la marca?

32. Los teólogos han estado tratando de descifrar el significado del número 666 durante siglos... ¿cuál es tu intento?

Apocalipsis 17:1-18
33. La gran prostituta representa a Babilonia, una civilización satánica que se destacó por su idolatría y sus pecados sexuales. ¿Por qué supones tú que la bestia está tan estrechamente asociada con semejante lugar?

34. ¿Qué ejemplos de idolatría y pecado sexual ves en nuestra sociedad actual?

35. ¿Qué es lo que hace la bestia con el poder y la autoridad que le conceden los reyes de la tierra?

36. ¿Qué diferencia hace en tu vida el saber que los seguidores escogidos y fieles de Cristo vencerán a las fuerzas del mal?

37. ¿Cuál es el destino final de la gran prostituta de Babilonia?

Apocalipsis 18:1-24
38. ¿Cómo resumirías los cargos en contra de Babilonia en una oración de 10 palabras o menos?

39. ¿Qué supones que fue lo que inspiró a Babilonia para hacer una aseveración tan altanera, en el versículo 7?

40. ¿Por qué resulta el juicio a Babilonia tan aterrador para los reyes de la tierra?

41. ¿Por qué se regocijarán los santos, apóstoles y profetas, frente a la caída de Babilonia?

ES BUENO SABERLO

Si en serio deseas comprender la Palabra de Dios, necesitarás equiparte bien. Aquí tienes seis consejos breves para poder hacerlo:

1. Encuentra una traducción que puedas comprender.
Si no puedes comprender lo que dice tu Biblia, lo primero que debes hacer es encontrar una versión que te resulte más cómoda de leer. Visita tu librería cristiana local... es más que seguro que tendrán muchas opciones de Biblias, escritas en lenguajes más y menos sencillos, de entre las cuales escoger. Dedica un rato a hojear cada una de ellas, ¡hasta que encuentres aquella con la que te sientas más cómodo!

2. Invierte en un estudio bíblico.
Sea cual sea la traducción por la cual te decidas, asegúrate de que venga con algunos complementos que te ayuden en el estudio bíblico. La mayoría de las traducciones habitualmente empleadas sí los tienen. Entre otras cosas, una Biblia de estudio puede ofrecerte...
* *Introducciones individuales para cada libro que explican cuándo fue escrito, quién lo escribió, a quién estaba dirigido, qué cosas estaban ocurriendo en el tiempo en que fue escrito, qué contiene el libro, y cómo se relaciona con otros libros de la Biblia.*
* *Notas en los márgenes o al pie de página que proporcionan información útil acerca de determinados versículos.*
* *Referencias que te dirigen hacia otros versículos relacionados con el tema que estás estudiando.*

3. Explora otras herramientas.
Si de verdad te interesa descubrir la sabiduría que encierra la Palabra de Dios, deberías asegurarte de que tu caja de herramientas para el estudio de la Biblia esté bien provista. Estas son algunas de las herramientas que puedes necesitar:
* **Un diario –** *para registrar tus pensamientos y sentimientos acerca de lo que vas aprendiendo*
* **Un diccionario bíblico –** *para descubrir con precisión el significado de ciertas palabras o frases de las Escrituras*
* **Una concordancia bíblica –** *para ligar el pasaje que estás estudiando a otros pasajes relacionados, y para encontrar todos los pasajes relacionados con una determinada palabra clave*
* **Un atlas bíblico –** *para ubicar los sitios en que ocurrieron los diversos eventos bíblicos*

- **Un comentario bíblico** – *para aprovechar el entendimiento y el análisis de eruditos bíblicos*

4. Encuentra un consejero de confianza.

Si conoces algún cristiano maduro en cuya opinión y criterio confías, re-clútalo como consultor para tu estudio de la Biblia. Si te llegaras a encontrar con un pasaje que no puedes comprender, convérsalo con él o ella. ¡Aprovecha sus aportes!

5. Ora antes de leer

Pídele a Dios que despeje tu mente de todo tipo de distracciones mientras lees, y que te dé la sabiduría para interpretar su Palabra del modo en que él desea que sea interpretada.

6. ¡Fíjalo en tu mente!

Cuanto más tiempo pases con la Palabra de Dios, más cómodo te sentirás frente a ella. A medida que los diferentes pasajes se te vayan haciendo familiares, comenzarás a descubrir conexiones y podrás aplicar mejor la información que hayas obtenido de tus herramientas de estudio bíblico, todo lo cual te ayudará a comprender aún mejor cada pasaje. ¡Así que lee todo lo que puedas!

LA BATALLA FINAL

DE UN BOCADO

Aunque pueda parecer que a todo nuestro alrededor aquellos que hacen el mal prosperan, vendrá un tiempo en el cual el mal será vencido de una vez y para siempre… y ahí verás que valdrá la pena estar del lado de Dios.

PUNTAPIÉ INICIAL – OPCIÓN 1

TÚ ELIGES

Anuncia que el grupo deberá dividirse en dos equipos para una competencia. Pero no les digas a tus adolescentes de qué se trata la competencia. Pide a uno de tus chicos más atléticos (sin destacar que lo eliges por esto) que se coloque en un extremo de la habitación para ser el capitán del primer equipo. Luego pide a uno de tus chicos más estudiosos que se coloque en el otro extremo de la habitación para ser el capitán del segundo equipo. Finalmente pide al resto de los adolescentes que elijan en cuál de los equipos quieren estar. Enfatiza el hecho de que el tamaño relativo de los equipos no importará para ganar la competencia. Si el 99% de tus adolescentes quieren unirse al mismo equipo, está bien.

Ahora, si la mayoría de tus chicos eligen unirse al equipo «atlético», haz que la competencia sea un concurso de preguntas de cultura general, o algo relacionado con preguntas sobre la Biblia. Si la mayoría de tus chicos eligen unirse al equipo «estudioso» (por dudoso que esto sea), haz que la competencia sea una carrera de relevos o algún evento deportivo similar. Si los adolescentes se repartieron más o menos equitativamente, haz que la competencia sea de un tipo neutral, como por ejemplo el construir una casa de barajas lo más alta posible. Como recompensa por haber escogido el equipo correcto, entrega premios a los ganadores.

Ten en cuenta que la competencia no es tan importante como el tema de elegir equipo. Presta mucha atención a las cosas que los adolescentes dicen y hacen en el momento de escoger equipos. Haz referencia a sus comentarios y acciones más tarde cuando analicen la actividad.

Inicia la lección con preguntas como:

GUIÓN PARA EL LÍDER JUVENIL
- **¿Por qué escogió cada uno el equipo que escogió?**
- **Si hubieran sabido antes lo que ahora saben con respecto a la actividad, ¿hubieran hecho la misma elección? ¿Por qué sí o por qué no?**
- **¿En qué sentido es el ser cristiano similar a ser parte de un equipo?**
- **¿Por qué escogieron ustedes unirse al equipo de Cristo?**
- **¿Se pusieron a pensar alguna vez cómo sería estar en el otro equipo, espiritualmente hablando? Explíquense.**

PUNTAPIÉ INICIAL – OPCIÓN 2
COLLAGE

Divide a tus adolescentes en parejas o en grupos pequeños. Distribuye papeles gruesos, tijeras, cinta adhesiva o goma de pegar, y un montón de revistas y periódicos viejos para recortar. Pide a tus chicos que hagan un collage (una colección de fotografías y palabras recortadas de los periódicos y revistas, pegadas todas juntas en el papel) titulado «El Mal es…»

No definas en este momento la palabra *mal*. Alienta a tus adolescentes a basar sus collages en sus propios estándares (o, mejor aún, en lo que ellos piensen que son los estándares de *Dios*) respecto del bien y el mal. Luego da a los grupos una oportunidad de exponer y explicar sus collages. Si aparecen diferencias de opinión con respecto a si ciertas cosas son malas o no, alienta un poquito de discusión amistosa entre tus chicos.

Luego conversen sobre esta actividad con preguntas como:

GUIÓN PARA EL LÍDER JUVENIL
- **¿Qué es el mal? ¿Cómo lo definirías?**
- **¿Por qué escogen las personas hacer cosas que están en contra de la voluntad de Dios?**

Si nadie más lo menciona, sugiere que las personas a veces eligen ir en contra de la voluntad de Dios para obtener un beneficio o ganancia personal. Muchas personas no tienen problema en ignorar la voluntad de Dios o en desobedecer sus leyes si el hacerlo los ayuda a progresar o a satisfacer un deseo inmediato.

Finalmente, presenta el tema de la lección diciendo algo como:

GUIÓN PARA EL LÍDER JUVENIL
Podría decirse que las personas que hacen el mal para su propia ganancia o beneficio personal se encuentran en un equipo diferente que aquellos que intentan hacer las cosas para la gloria de Dios y el beneficio de Dios. Como cristianos, nosotros estamos en el equipo de Dios.

ENTRANDO EN TEMA
DE UN MODO U OTRO
Emplea cualquiera o todas de las siguientes preguntas para dar inicio al debate:

GUIÓN PARA EL LÍDER JUVENIL
- **¿Cómo se sienten ustedes con respecto a ser miembros del equipo de Dios?**
- **La mayoría de los equipos tienen reglas y restricciones que sus miembros deben respetar y cumplir. ¿Cuáles son algunas de nuestras reglas y restricciones como miembros del equipo de Dios?**
- **¿Tienen alguna ventaja en nuestra sociedad las personas que no están sujetas a las leyes de Dios? Explíquense.** (Si nadie lo menciona, recuérdales a tus chicos los escándalos corporativos en los que ciertas personas ganaron millones de dólares mintiendo, haciendo trampas, y robando. Recuérdales, también, que existen muchas celebridades conocidas como «chicos malos» o «chicas malas», que se hicieron ricas y famosas por traspasar los límites de la decencia y la moralidad.)
- **¿Qué es más fácil… ser un miembro del equipo de Dios, o ser un agente independiente que vive de acuerdo a sus propias reglas, hace lo que considera necesario para progresar, y busca solo satisfacer sus propios deseos? Explíquense.**

Distribuye copias de **De un modo u otro** (páginas 107-109). Permite a tus adolescentes trabajar en parejas o en pequeños grupos para completar la hoja. Luego tal vez desees emplear las siguientes preguntas para guiar la discusión sobre esta hoja:

GUIÓN PARA EL LÍDER JUVENIL
- **¿Cuál de estas situaciones representaría para ustedes la mayor tentación? ¿Por qué?**
- **¿Alguna vez se vieron frente a una situación similar?**

MÁS MÁS MÁS
De un modo u otro
En lugar de hacer que en parejas o en pequeños grupos escriban sus respuestas, pide que algunos voluntarios las dramaticen frente al grupo. Permite a tus voluntarios suficiente tiempo como para pensar dos breves dramatizaciones para cada situación… una demostrando la solución fácil (y sus potenciales consecuencias) y otra demostrando la solución más difícil pero que honra a Dios (y sus potenciales consecuencias). Luego de cada presentación, discutan entre todos las implicancias y resultados de cada opción.

La paga final

Tal vez desees emplear la siguiente información, según resulte necesario, para presentarles a tus adolescentes los aspectos escatológicos de este pasaje.

• Algunos cristianos (conocidos como pre-milenialistas) creen que Satanás será vencido cuando Cristo regrese en un tiempo futuro. Creen que los 1000 años a los que se refiere Apocalipsis 20 son un período literal durante el cual Jesús va a reinar con su pueblo aquí en la tierra, específicamente en Jerusalén. Y creen que el Milenio concluirá con Satanás siendo liberado del abismo. Creen que el Milenio será seguido por el juicio del gran trono blanco y luego por la creación de un nuevo cielo y una nueva tierra.

• Algunos cristianos (conocidos como amilenialistas) creen que la victoria sobre Satanás se refiere a la victoria de Jesús en la cruz. Ellos creen que el Milenio representa la Era de la Iglesia en la cual estamos viviendo actualmente. Creen que Satanás será dejado en libertad durante un breve período al final de esta era para causar estragos hasta que Cristo regrese. Y creen que los muertos resucitarán y que el bien y el mal serán juzgados cuando Cristo regrese.

• Algunos cristianos (conocidos como posmilenialistas) creen esencialmente lo mismo que creen los amilenialistas, excepto por el hecho de que ellos creen que el trabajo de la Iglesia de difundir el evangelio con el tiempo reducirá la influencia de Satanás en el mundo a prácticamente nada, de modo que así será vencido.

Pide a algunos voluntarios que describan una situación que hayan atravesado en la cual se hubieran beneficiado de ignorar la Palabra de Dios o su voluntad para sus vidas. Prepárate para liderar con el ejemplo, compartiendo alguna de tus propias experiencias. Comparte cómo te hubieras visto beneficiado, cuán tentado estuviste de desobedecer las «reglas del equipo», y cuáles fueron las consecuencias (buenas y malas) de tu decisión.

DÁNDOLE AL LIBRO
LA PAGA FINAL

Distribuye lapiceras y copias de **La paga final** (páginas 110-111) a tus adolescentes mientras se encuentra reunido todo el grupo. Luego permíteles trabajar en grupos pequeños para completar la hoja. Además, por favor calcula cuánto tiempo crees que puede llevarle a tu grupo esta hoja de trabajo. Ten la libertad de subrayar solo las preguntas clave y de eliminar otras. Tal vez desees emplear los siguientes comentarios para complementar la discusión sobre Apocalipsis 19—20:

GUIÓN PARA EL LÍDER JUVENIL

• **Dios es perfecto en todo sentido, y nosotros claramente somos incapaces de cumplir todo el tiempo todos los estándares de Dios aunque lo intentemos.**

• **Cualquiera que se tome a la Biblia en serio debe reconocer que el escoger desobedecer a Dios nunca es una decisión sabia (no importa cuánto nos beneficie en el corto plazo) porque el precio último es simplemente demasiado alto.**

• **El hecho de que Dios sea el Juez supremo y último, y de que él no va a permitir que el mal quede sin castigo, debería inspirar en nosotros adoración, tal como lo hace en los seres del cielo.**

• **Cualquier rebelión en contra de Dios, ya sea que tenga lugar dentro del corazón de una persona o en un campo de batalla con millones de soldados, indefectiblemente terminará mal para la persona o personas que están en rebelión.**

• **Aunque Satanás se describe en las escrituras como el gobernante de este mundo, él está en última instancia bajo el control de Dios. Cuando Dios estime necesario hacer que Satanás desaparezca durante un milenio, él enviará un ángel para arrojarlo al abismo. Cuando Dios determine que el tiempo de Satanás se acabó para siempre, él lo arrojará al lago de azufre ardiente.**

• **Dios recompensa a aquellos que creen en él. Una de las recompensas es el derecho de reinar con Cristo.**

QUE HAGA LA DIFERENCIA
UN FINAL ANUNCIADO

Para asegurarte de que quede bien claro el punto de la lección, tal vez desees presentarles a tus adolescentes el siguiente escenario:

GUIÓN PARA EL LÍDER JUVENIL

¿Qué harían ustedes si mañana al abrir la sección deportiva del periódico vieran una descripción jugada por jugada (y el resultado final) de un partido que no se jugará hasta la semana entrante? Piensen en esto. ¿Qué ocurriría si ustedes pudieran saber con total seguridad qué equipo va a ganar y exactamente cómo se va a desarrollar el juego?

Permite que tus chicos examinen bien sus propias reacciones ante tal conocimiento anticipado. Si nadie más lo menciona, sugiere que para muchas personas la respuesta lógica sería retirar del banco una gran suma de dinero, y apostarla toda al equipo ganador.

Continúa con algo como:

GUIÓN PARA EL LÍDER JUVENIL

Si nos ponemos a pensarlo, este pasaje de Apocalipsis 19—20 es como un boletín de noticias del futuro. Gracias a la revelación que Dios le dio a Juan, nosotros ya sabemos cómo va a terminar la batalla del bien contra el mal. Tal vez no podamos hacernos millonarios con esa información, pero podemos beneficiarnos con ella.

Primero que nada, podemos asegurarnos de estar en el equipo correcto. Escoger entre el bien y el mal no es siempre una decisión sencilla… especialmente cuando las personas que eligen el camino equivocado a menudo parecen lograr una ventaja, ganar mayor popularidad, y divertirse más que nosotros. En otras palabras, en la batalla entre el bien y el mal, el mal parece estar ganando los rounds iniciales. Pero dado que sabemos cómo terminará la pelea, podemos mantenernos fieles a la voluntad de Dios y a sus planes para nosotros… sin importar lo que hagan los demás.

Segundo, podemos involucrarnos activamente en la batalla. Podemos valientemente declararnos a favor de Dios y de su voluntad. En algunos casos, eso implicará hacer la decisión personal correcta en el momento correcto. En otros casos puede implicar tomar una posición poco popular con respecto a algún tema controversial. Y en otros casos puede significar ir contra la corriente… incluso contra la corriente de tus propios amigos.

MÁS MÁS MÁS
Un final anunciado

Si prefirieras una actividad más dinámica para finalizar la lección, intenta un proyecto de arte, permitiendo a tus adolescentes trabajar en parejas o en grupos pequeños. Distribuye materiales artísticos y papel a cada grupo e indica a tus chicos que deben diseñar y crear posters (si tus adolescentes son realmente muy creativos, puedes pedirles que inventen frases apropiadas para esas calcomanías que se pegan en la parte trasera de los automóviles) que comuniquen de un modo creativo y memorable la verdad de que el mal será, al final, vencido.

Indicales a tus chicos que se coloquen en parejas para que cada uno pueda chequear el progreso del otro durante la semana. Pídeles que cada uno piense una forma de mostrar los colores de su equipo en la semana que comienza, un modo de declarar que están en el equipo de Dios, ya sea en la escuela, en el trabajo o en sus hogares. Anima a los miembros de cada pareja a compartir entre sí sus ideas y luego a pensar estrategias específicas para hacer que esas ideas funcionen.

Cierra la lección en oración, pidiéndole a Dios que bendiga los esfuerzos de tus adolescentes en tomar partido por Él, y que utilice la valentía de tus chicos para extender su gloria.

DIGNO DE ADORACIÓN

Mantén tus ojos en lo que es importante

El capítulo 19 de Apocalipsis contiene un gran ejemplo de alabanza mal enfocada: «El ángel me dijo: «Escribe: «"¡Dichosos los que han sido convidados a la cena de las bodas del Cordero!"» Y añadió: «Estas son las palabras verdaderas de Dios.» Me postré a sus pies para adorarlo. Pero él me dijo: «¡No, cuidado! Soy un siervo como tú y como tus hermanos que se mantienen fieles al testimonio de Jesús. ¡Adora sólo a Dios! El testimonio de Jesús es el espíritu que inspira la profecía"». (versículos 9 y 10).

Invita a tus adolescentes a compartir con el grupo alguna situación o alguna época en la cual se sintieron atraídos a adorar algo que no fuera Dios. Conversen acerca de por qué a veces nos atraen tanto las cosas temporales que en realidad nos alejan del verdadero deseo de nuestro corazón. ¡Canten una canción de alabanza para Dios que haga énfasis en cuán digno es él de recibir nuestra adoración!

DE UN MODO U OTRO

Para cada una de las siguientes situaciones, piensa en una solución fácil (una que no necesariamente tenga en cuenta lo que está bien y lo que está mal) y en una solución más difícil (la que se esperaría de un miembro del equipo de Dios). También piensa en las consecuencias (tanto buenas como malas) de cada una de las soluciones.

SITUACIÓN 1

Encuentras dentro de tu bolso una fotografía embarazosa de la persona que te robó tu novio o tu novia. Obviamente la fotografía es un regalo de algún amigo anónimo que desea verte hacer algo humillante (y público) con ella.

Solución fácil
La solución fácil sería...

La ventaja de escoger esta opción sería...

La desventaja de escoger esta opción sería...

Solución difícil
La solución difícil sería...

La ventaja de escoger esta opción sería...

La desventaja de escoger esta opción sería...

SITUACIÓN 2

Tu mejor amigo formó parte de un grupo que entró a la escuela el sábado por la noche y rompió mobiliario y materiales por un valor de aproximadamente 2,500 dólares. La única razón por la cual te enteraste de esto es porque tu mejor amigo te llamó por teléfono para contarte cuánto miedo tenía de ser descubierto. Justo antes de la hora de salida, el lunes, la subdirectora te llama a su oficina, en donde te aguarda un oficial de policía. El oficial te pregunta si sabes algo acerca del incidente del sábado por la noche.

Solución fácil
La solución fácil sería…

La ventaja de escoger esta opción sería…

La desventaja de escoger esta opción sería…

Solución difícil
La solución difícil sería…

La ventaja de escoger esta opción sería…

La desventaja de escoger esta opción sería…

SITUACIÓN 3
Sientes que tus compañeros te están ignorando en el nuevo trabajo que conseguiste en la tienda de música local. Cuando le preguntas a tu supervisora acerca de esto, te responde con mucha franqueza que tanto ella como el resto de los empleados tienen una actitud de «toma lo que te guste» con respecto a las mercancías. Cada uno se lleva un par de CDs cada mes. Esto es lo suficiente como para hacer que valga la pena trabajar en esa tienda, pero no tanto como para que despierte las sospechas del gerente. Ella te cuenta que los otros empleados tienen temor de que tú los delates y les arruines su pequeña ganancia paralela.

Solución fácil
La solución fácil sería…

La ventaja de escoger esta opción sería…

La desventaja de escoger esta opción sería…

Solución difícil

La solución difícil sería…

La ventaja de escoger esta opción sería…

La desventaja de escoger esta opción sería…

LA PAGA FINAL

Se buenito... lee los siguientes pasajes y luego responde las preguntas que los acompañan, ¿sí?

Apocalipsis 19:1-10
1. ¿Por qué deberíamos adorar a Dios por sus juicios?

2. ¿Qué significa que los juicios de Dios son verdaderos y justos?

3. ¿Qué está vengando Dios con su castigo a Babilonia, «la famosa prostituta»(versículo 2)?

4. ¿Qué significa tenerle a Dios un temor reverente (versículo 5)?

Apocalipsis 19:11-21
5. ¿Quién es el jinete que se describe en este pasaje? ¿Cómo lo sabes?

6. ¿Cómo reaccionan los ejércitos de la tierra ante la venida del jinete?

7. Describe cómo te imaginas que será el destino eterno de la bestia y del falso profeta.

8. ¿Qué es lo que nos dice acerca del juicio de Dios la batalla que se describe en este pasaje?

Apocalipsis 20:1-6
9. ¿Cuál es el propósito de encadenar a Satanás durante 1000 años?

10. Describe cómo te imaginas que será la vida en la tierra durante la ausencia de Satanás.

11. ¿A quién le es dada la autoridad para juzgar durante el Milenio?

12. ¿Por qué se dice que son benditos aquellos que son parte de la primera resurrección?

Apocalipsis 20:7-10
13. ¿Qué ocurre cuando termina el período de 1000 años?

14. ¿A quién reclutará Satanás para su última batalla contra Dios?

15. ¿Cómo termina la historia de Satanás?

16. Describe cómo te imaginas la existencia en el lago de azufre ardiente.

TODO SE RESUME EN ESTO

DE UN BOCADO

Llegará un día en que todos seremos juzgados por Dios. Aquellos que no hayan sido salvos por la fe en Cristo serán separados de Dios para siempre. Como cristianos, esa debería ser nuestra mayor motivación para compartir las buenas nuevas de Jesús con tantas personas como sea posible.

PUNTAPIÉ INICIAL – OPCIÓN 1

CON UN POCO DE AYUDA

Organiza un recorrido con obstáculos dentro o cerca del salón de reuniones. Puedes preparar, según lo desees, desde un recorrido simple (tan solo utilizando las sillas del salón) hasta un recorrido muy elaborado (utilizando neumáticos, piscinas de plástico, inflables para niños, vigas de equilibrio, y cualquier otra cosa que se te ocurra). Divide al grupo en parejas, y explica que a un miembro de cada pareja se le vendarán los ojos. Esa persona intentará desplazarse a través del recorrido con obstáculos basándose solo en las instrucciones verbales de su compañero.

Enfatiza el hecho de que los compañeros no pueden tener ningún tipo de contacto físico durante la competencia. El éxito será determinado por la habilidad que tenga el compañero que ve para dar instrucciones, y por la habilidad que tenga el compañero vendado para seguir instrucciones. Entrega premios a la pareja que atraviese el recorrido con éxito en el menor tiempo. Si disponen de tiempo suficiente, permite que los compañeros intercambien roles e intenten nuevamente atravesar el recorrido.

Presenta el tema de la lección empleando preguntas como:

Lo que necesitarás

- Biblias
- Lapiceras o lápices
- Materiales como neumáticos viejos o cajas para una carrera de obstáculos (optativo)
- Vendas para cubrirse los ojos, una para cada pareja de chicos (optativo)
- Cronómetro (optativo)
- Varios premios excitantes para entregar a los ganadores de la carrera de obstáculos (optativo)
- Varias hojas grandes de papel tipo afiche o un par de pizarras blancas, y marcadores (optativo)
- Vendas para cubrirse los ojos, una para cada equipo de «Pictionary a la carrera» (optativo)
- Tantas tarjetas de «Pictionary a la carrera» como adolescentes tengas (optativo)
- Copias de **El veredicto** (página 118), una para cada adolescente
- Copias de **La estrategia** (páginas 119-120), una para cada adolescente

GUIÓN PARA EL LÍDER JUVENIL
- **¿Cuán difícil les resultó a aquellos que tenían los ojos vendados el seguir las instrucciones de sus compañeros? Explíquense. ¿Qué podrían haber hecho ellos para serles de más ayuda?**
- **Para aquellos que fueron las guías, ¿cuál fue el secreto para guiar a sus compañeros con éxito a través del recorrido? Si tuvieran que hacerlo todo de nuevo, ¿qué cosa harían diferente? ¿Por qué?**
- **Denme algunos ejemplos de la vida cotidiana en los cuales las personas se benefician de la guía o de las instrucciones de otras personas (por ej., cuando se está aprendiendo a conducir, al aprender a multiplicar, al aprender a escribir, al aprender cómo andar en bicicleta, etc.)**

Si nadie más lo menciona, señala que los no creyentes pueden verse beneficiados si los cristianos les explican las buenas nuevas del amor de Dios y del sacrificio de Cristo. Nosotros somos llamados a guiarlos a la salvación.

PUNTAPIÉ INICIAL – OPCIÓN 2
PICTIONARY A LA CARRERA
Divide al grupo en dos o más equipos para una competencia que pondrá a prueba sus habilidades para el dibujo, entre otras cosas. Asegúrate de que cada equipo tenga una pizarra blanca o varias hojas grandes, un marcador, y una venda para los ojos.

El juego se desarrollará de la siguiente manera: Cuando tú digas: «¡Ya!», el primer artista de cada equipo deberá correr hacia ti para que le entregues una pista, luego correr de vuelta hacia el grupo, colocarse la venda en los ojos, e intentar dibujar la pista para que el resto del equipo la adivine. Una vez que adivinen esa pista, la siguiente persona del equipo debe correr hacia ti por una nueva pista, y repetir el proceso. Asegúrate de tener suficientes palabras como para que haya una para cada miembro de cada equipo. El equipo que termine de adivinar primero todas sus palabras será el ganador.

Luego tal vez desees emplear las siguientes preguntas para analizar la actividad:

GUIÓN PARA EL LÍDER JUVENIL
- **¿Les fue fácil o difícil adivinar las pistas que dibujaban sus compañeros? ¿Cómo les podría haber resultado más fácil?**
- **¿Por qué resulta un desafío tan grande el dibujar con los ojos vendados?**
- **¿Tuvieron alguna vez una experiencia en la cual sintieran que esta-**

ban siendo guiados o enseñados por alguien que no sabía lo que hacía… como si los guiara alguien con los ojos vendados?

Para pasar al tema de la lección, tal vez quieras decir algo como:

GUIÓN PARA EL LÍDER JUVENIL
Como cristianos, nosotros no tenemos que preocuparnos acerca de dibujar con los ojos vendados en la vida. Gracias a la Palabra de Dios, nosotros podemos ver el panorama completo de nuestro futuro. Eso hace que seamos más valiosos para las personas que tenemos a nuestro alrededor, ya sea que ellos se den cuenta o no. Muchos de ellos están tan desesperados por obtener información acerca del futuro que están dispuestos a acudir a adivinos y a falsas religiones en busca de respuestas. Es por esto que es importante que nosotros compartamos lo que sabemos, basándonos en nuestra visión sin obstrucciones.

ENTRANDO EN TEMA
TESTIMONIO PERSONAL
Emplea un rato conversando acerca de los testimonios personales de tus adolescentes y de los detalles de cómo ellos llegaron a ser salvos y a la fe en Cristo. Sé sensible ante la posibilidad de que no todos tus chicos hayan hecho un compromiso personal con Cristo. Emplea cualquiera o todas de las siguientes preguntas para guiar la conversación:

GUIÓN PARA EL LÍDER JUVENIL
- **¿Quién los guió a Cristo?**
- **¿Qué fue lo que dijo o hizo esa persona que captó la atención de ustedes e hizo que quisieran oír más?**
- **¿Había algo ocurriendo en sus vidas en ese momento que los hiciera especialmente receptivos a las buenas nuevas de Jesús? ¿Qué era? ¿Cómo influyó en sus decisiones?**
- **¿Qué fue específicamente lo que hicieron ustedes cuando tomaron la decisión de aceptar el regalo de la salvación que nos ofrece Dios y de hacer de Jesús el Señor de sus vidas?**
- **¿Cómo se sintieron luego de aceptar a Cristo? ¿Notaron algún cambio inmediato en sus vidas? Explíquense.**

Prepárate para responder también a cada una de las preguntas, para dar a tus chicos una idea del tipo de respuestas que estás buscando. No fuerces a nadie a compartir, pero anima a tus adolescentes a compartir tantos detalles como deseen.

Continúa la discusión con preguntas como:

MÁS MÁS MÁS
Testimonio personal
Si tienes adolescentes que disfrutan de actuar, reclútalos para que preparen algunas dramatizaciones ilustrando el modo correcto y el modo incorrecto en que un cristiano puede testificarle a un no creyente en determinadas situaciones. Aliéntalos a emplear humor en sus presentaciones, pero pídeles que mantengan las situaciones fieles a la realidad.

- ¿Qué es lo que ocurre cuando las personas depositan su fe en Cristo?
- ¿Creen que ustedes tienen la responsabilidad de hablar con otras personas acerca de Cristo? Explíquense.
- ¿Cómo podrían emplear sus experiencias personales de cuando fueron guiados a Cristo en sus propios esfuerzos por testificar a otros? ¿Qué cosa pueden aprender ustedes de esa persona que fue clave en llevarlos al conocimiento de Cristo? ¿Qué errores quisieran ustedes tratar de evitar?
- ¿Sienten ustedes a veces una urgencia por compartir su fe con otras personas? ¿Por qué sí o por qué no?

DÁNDOLE AL LIBRO
EL VEREDICTO

Distribuye lapiceras y copias de **El veredicto** (página 118) a tus adolescentes mientras se encuentra reunido todo el grupo. Luego, permíteles trabajar en grupos pequeños para completar la hoja. Además, por favor calcula cuánto tiempo crees que puede llevarle a tu grupo esta hoja de trabajo. Ten la libertad de subrayar solo las preguntas clave y de eliminar otras. Tal vez desees emplear los siguientes comentarios para complementar la discusión sobre Apocalipsis 20:

GUIÓN PARA EL LÍDER JUVENIL

- Nadie está exento de aparecer frente al trono del juicio de Dios.
- Dado que nada puede estar oculto de Dios, todo (desde nuestras acciones más obvias hasta nuestros pensamientos más secretos) será expuesto y examinado en el día del juicio.
- Solo aquellas personas que son salvas por su fe en Cristo escaparán del juicio. Por lo tanto, no hay motivos para que los cristianos le teman al juicio de Dios... al menos no en lo que respecta a ellos mismos.
- El juicio del gran trono blanco no es el momento en que Dios decide quién se va al cielo y quién se va al infierno. Es más bien como el pronunciamiento oficial de la culpabilidad y la fase de la sentencia del juicio. Aquellos que se rehúsan a aceptar el regalo gratuito de salvación que ofrece Dios son condenados en el momento en que mueren.
- Las Escrituras sugieren que habrá distintos grados de castigo en el lago de fuego. Todos allí van a sufrir, pero algunos sufrirán más, en concordancia con sus acciones en la tierra.

MÁS MÁS MÁS
El veredicto
Invita a algún líder de tu iglesia que sea conocido por (o bueno en) el ministerio de evangelismo, para que converse brevemente con tus adolescentes acerca de los detalles prácticos de compartir el evangelio. Contacta a tus chicos antes de la reunión y aliéntalos a preparar algunas preguntas sobre el testificar a otros, para hacerle al orador invitado.

- En otra parte de las Escrituras la palabra *eterno* es empleada para describir el castigo para aquellos cuyos nombres no se encuentren en el libro de la vida (2 Tesalonicenses 1:5-10). No hay indicios en la Biblia de que Dios vaya a sacar a las personas de su desgracia (por decirlo de alguna manera), eliminando en algún momento el lago de fuego y todo lo que hay en él. En cambio, lo que dice la Biblia es que el tormento va a durar para siempre.

QUE HAGA LA DIFERENCIA

LA ESTRATEGIA

Pregunta a tus adolescentes en qué modo la escena del juicio en Apocalipsis afecta sus motivaciones o su compromiso para compartir su fe con otros. Luego pídeles que conversen acerca de si sus deseos de impedir que sus seres amados tengan que enfrentar el juicio del gran trono blanco alguna vez se cruzan en sus pensamientos en lo que respecta a compartir su fe.

Distribuye copias de **La estrategia** (páginas 119-120). Brinda a tus chicos algunos minutos para completar la hoja. Cuando hayan terminado, pídeles que se coloquen en parejas para compartir sus estrategias (así como también sus anhelos y miedos) en lo que respecta a compartir el evangelio con las personas que señalaron en su hoja.

Para aumentar la interacción, agrega una o algunas de las siguientes preguntas para que las parejas conversen con respecto a las personas listadas en sus hojas:

GUIÓN PARA EL LÍDER JUVENIL

- ¿Cuán enteradas están estas personas de la fe cristiana de ustedes? ¿Qué opinan estas personas acerca de la fe de ustedes?
- ¿Han tenido alguna vez conversaciones sobre temas espirituales con estas personas? En ese caso, ¿cómo les fue?
- En una escala del 1 al 10 (con 1 representando el estar totalmente desinteresado, y 10 representando el estar muy interesado), ¿cuán interesadas piensan que estarán estas personas en escuchar lo que ustedes tienen para decir acerca de su fe?

Cierra la reunión pidiendo a las parejas que oren juntos por las importantes oportunidades de compartir su fe que tendrán por delante en la semana que comienza. Anima a las parejas a contactarse mutuamente en forma periódica a lo largo de la semana para saber cómo andan las cosas.

MÁS MÁS MÁS
La estrategia
Para ayudar a tus adolescentes en sus esfuerzos por compartir su fe, planifica un evento para alcanzar a otros en el que participe el grupo entero. Ya sea que decidas organizar una noche de juegos, una noche para mirar juntos películas, una noche para compartir una comida especial, o cualquier otra cosa, tu primera prioridad será planear un evento al cual tus adolescentes se sientan cómodos de traer a sus amigos no cristianos. En algún momento durante la reunión, tú (o alguno de tus chicos) debería hacer algunos breves comentarios al grupo, explicando de qué se trata este grupo de jóvenes al cual han sido invitados, y exponiendo brevemente los lazos espirituales que los unen a ustedes.

EL VEREDICTO

¿Realmente tengo que recordarte que lo que hay que hacer aquí es leer el pasaje bíblico correspondiente y responder las preguntas que le siguen? No, ¿verdad?

Apocalipsis 20:11-15

1. ¿Quién es el que está sentado en el gran trono blanco?

2. ¿Qué te indica respecto de lo que está por ocurrir, el hecho de que la tierra y el cielo huyan?

3. ¿Quiénes son los acusados en el Juicio del Gran Trono Blanco?

4. Describe la escena que se ve delante del trono de Dios, en tus propias palabras.

5. ¿Sobre la base de qué cosa son juzgados los muertos?

6. ¿Qué les ocurre a aquellas personas cuyos nombres no se encuentran en el libro de la vida?

7. Describe cómo te imaginas el lago de fuego.

8. ¿Qué tiene que hacer una persona para merecerse el castigo en el lago de fuego?

9. Si pudieras explicarles, este pasaje a amigos o familiares no salvos, ¿produciría una diferencia en sus actitudes hacia Cristo y hacia el cristianismo? ¿Por qué sí o por qué no?

10. ¿Cómo tienen que hacer las personas para que sus nombres se escriban en el libro de la vida?

LA ESTRATEGIA

1. Escribe aquí debajo el nombre (o, si prefieres que la persona permanezca anónima, las iniciales) de alguna persona que conoces y no es cristiana, que te importa mucho.

2. Si le preguntaras a esta persona por qué no es cristiana, ¿qué tipo de respuesta recibirías? Marca cualquiera de las siguientes razones que crees que la persona te daría. Agrega otras que entiendas que apliquen.

❑ *No sé nada acerca del cristianismo.*

❑ *No soy una persona religiosa.*

❑ *Pienso que los cristianos son todos unos hipócritas.*

❑ *Me estoy divirtiendo demasiado en este momento.*

❑ *Creo que es ser estrecho de mente el pensar que una religión es mejor que otras.*

❑ *He hecho demasiadas cosas malas en mi vida.*

❑ *Yo soy una buena persona, y creo que eso es lo único que interesa.*

❑ *Yo creo que el cristianismo es una muleta para las personas que no pueden enfrentar la vida real.*

❑ *Yo tengo mis propias razones personales para no querer tener nada que ver con Dios.*

❑ *Otra: _____*

❑ *Otra: _____*

3. ¿Cómo le responderías tú?

4. ¿Cuál sería el mejor modo de iniciar una conversación sobre Jesús con esta persona?

5. ¿Qué puntos específicos desearías poder tratar? (No te olvides de incluir los versículos bíblicos que quisieras compartir.)

6. ¿Qué crees que podría ocurrir (bueno o malo) si realmente compartieras tu fe con esta persona?

7. ¿Crees que los resultados potenciales hacen que valga la pena el riesgo? ¿Por qué sí o por qué no?

AL INFINITO Y MÁS ALLÁ

DE UN BOCADO

Como cristianos, nosotros tenemos garantizada una eternidad de felicidad, gozo y realización en la presencia de Dios. Y aunque no sepamos exactamente cómo será nuestra morada eterna, podemos descansar en la seguridad de que va a sobrepasar incluso nuestras más osadas expectativas.

PUNTAPIÉ INICIAL – OPCIÓN 1

SI TÚ LO CONSTRUYES...

Divide al grupo en equipos. Entrega a cada equipo una cantidad equivalente de bloquecitos de madera o de cualquier otro juguete de construcción que puedas conseguir. Fija un límite de tiempo (10 minutos o algo así) para que cada equipo construya la mejor estructura que le sea posible. Cuando se acabe el tiempo, trae un conjunto imparcial de expertos (o a cualquier persona que puedas reclutar con poco preaviso) para que juzguen las estructuras basándose en su tamaño, estética y resistencia. Luego de que declaren un ganador, entrega premios al equipo triunfante.

Presenta la lección diciendo algo como:

GUIÓN PARA EL LÍDER JUVENIL

El esfuerzo que ustedes pusieron en estas construcciones les ha dado la posibilidad de vislumbrar el tremendo trabajo de planeamiento y el esfuerzo que debe realizarse para construir una casa de verdad.

Lo que necesitarás
- Biblias
- Bolígrafos o lápices
- Pequeños elementos para construcción, tales como bloques de madera, o de plástico, etc. (optativo)
- Cronómetro (optativo)
- Varios adultos o líderes voluntarios para desempeñarse como jueces en una competencia de construcciones (optativo)
- Varios premios divertidos o tontos para entregar al equipo ganador (optativo)
- Fotografías de las habitaciones de tus adolescentes (optativo)
- Hojas de papel tipo afiche, y cinta adhesiva, para crear una exposición con las fotos (optativo)
- Un papel para cada adolescente (optativo)
- Varios premios divertidos o tontos para entregar al ganador de ¿Quién vive aquí? (optativo)
- Planos, folletos, fotos, o revistas de casas modelo
- Copias de **Todo lo viejo es hecho nuevo** (páginas 126-127), una para cada adolescente
- Copias de **Conque así es el cielo** (página 128), una para cada adolescente
- Música de alabanza
- Reproductor de CD

PUNTAPIÉ INICIAL – OPCIÓN 2
¿QUIÉN VIVE AQUÍ?

Antes de la reunión, necesitarás conseguir fotografías de las habitaciones de cada uno de tus adolescentes. Puedes hacer esto en una de dos maneras: Puedes avisar a tus chicos con anticipación y darles una oportunidad de limpiar sus cuartos primero (la forma políticamente correcta, aunque la más aburrida), o puedes conseguir permiso de los padres de tus adolescentes para sacar una fotografía sorpresa, apareciéndote en sus casas sin avisar para fotografiar sus cuartos en todo su desagradable esplendor (la opción embarazosa, aunque tal vez la más jugosa).

Luego coloca las fotografías sobre un gran papel tipo afiche, con un número junto a cada una de ellas. Cuelga este afiche en un lugar visible durante la reunión. Distribuye papeles y lápices y pide a tus chicos que intenten adivinar quién es el dueño de cada habitación, escribiendo el número de la foto y el nombre del chico o chica que piensan que vive allí. Entrega premios a la persona con la mayor cantidad de respuestas correctas.

Presenta el tema de la lección con preguntas como:

GUIÓN PARA EL LÍDER JUVENIL
- **¿Qué es lo que dicen sus cuartos (sus espacios vitales personales) acerca de cada uno de ustedes?**
- **Si cada uno tuviera que cambiar tres cosas acerca de su habitación, ¿qué cambios harían? ¿Por qué?**

ENTRANDO EN TEMA
CASAS Y MÁS CASAS

Antes de la reunión, deberás recolectar planos, folletos, fotos y revistas en los que aparezcan distintos tipos de casas. Si puedes encontrar material sobre mansiones y casas lujosas, así como también sobre casas típicas de clase media, esta actividad funcionará mucho mejor.

Expone o distribuye el material de modo que tus adolescentes puedan verlo. Indícales que hagan el ejercicio mental de mezclar y combinar aspectos de distintas casas para crear la casa de sus sueños. Alienta a tus chicos a soñar a lo grande, y a suponer que el dinero no es una limitación. Luego pide a algunos voluntarios que describan al grupo sus casas soñadas, con tanto detalle como les sea posible.

Continúa el ejercicio preguntando a tus chicos *dónde* les gustaría vivir: en una ciudad, en los suburbios, en una montaña, en un medio rural, cerca del océano... o incluso en algún país en particular. ¡O donde sea! Pídeles que pinten con sus palabras un cuadro de cómo sería la casa de sus sueños.

MÁS MÁS MÁS
Si tú lo construyes...
En lugar de emplear jueces para dirimir la cuestión de cuál casa es la mejor, pueden emplear pelotas de tenis. Distribuye cantidades iguales de pelotas de tenis a cada equipo y permite que los jugadores se turnen para intentar derribar las estructuras de los demás... desde una distancia competitiva, por supuesto. El equipo cuya estructura sea la última en caer, será el ganador.

Luego presenta el tema de la lección preguntando a tus chicos cómo se imaginan que será su morada eterna... el lugar donde van a vivir por los siglos de los siglos. Anima a varios adolescentes a que ofrezcan sus propias descripciones del cielo.

Después pide un voluntario para que lea Juan 14:1-3. Tal vez desees emplear las siguientes preguntas para complementar la discusión sobre este versículo:

GUIÓN PARA EL LÍDER JUVENIL

* **¿Qué clase de lugar creen que estará preparando Jesús para sus seguidores?**
* **¿Cómo les hace sentir esta promesa de Jesús? ¿Por qué?**

Tal vez desees señalar que en otras versiones de la Biblia la palabra *viviendas* aparece traducida como *mansiones*. En otras palabras, ¡nuestro hogar eterno es algo por lo cual estar gozosos!

Concluye esta sección señalando que ahora van a ver juntos un pasaje de las Escrituras que revela más acerca de cómo es el cielo que ningún otro pasaje en la Biblia... los dos últimos capítulos de Apocalipsis.

•

DÁNDOLE AL LIBRO
TODO LO VIEJO ES HECHO NUEVO

Distribuye lapiceras y copias de **Todo lo viejo es hecho nuevo** (páginas 126-127) a tus adolescentes mientras se encuentra reunido todo el grupo... luego permíteles trabajar en grupos pequeños para completar la hoja. Además, por favor calcula cuánto tiempo crees que puede llevarle a tu grupo esta hoja de trabajo... siéntete libre de subrayar solo las preguntas clave y de eliminar otras. Tal vez desees emplear los siguientes comentarios para complementar la discusión sobre Apocalipsis 21—22:

GUIÓN PARA EL LÍDER JUVENIL

* **El cielo es la recompensa eterna para todos los creyentes. Sin embargo, eso no quiere decir que ninguno de nosotros se haya ganado la salvación; nuestra salvación es un regalo inmerecido que recibimos de Dios.**
* **La descripción que hace el apóstol Juan del cielo tal vez sea difícil de comprender en su totalidad, pero sí nos da una idea del esplendor impresionante del cielo. Piénsenlo... muros y puertas hechos de piedras preciosas; calles hechas de oro puro; un río que fluye**

MÁS MÁS MÁS
Casas y más casas
Aquí hay otra línea de preguntas relacionadas con las casas que tal vez desees explorar con tus adolescentes:

GUIÓN PARA EL LÍDER JUVENIL
• Si ustedes pudieran elegir qué vecinos tener en su casa ideal (las personas que quisieran que vivan cerca de ustedes), ¿a quiénes escogerían? ¿Por qué?
• ¿Y que hay de sus vecinos en el cielo? ¿Con quién les gustaría pasar la eternidad en el cielo?
• ¿Qué pasos han dado para asegurarse de que esas personas vayan a estar en el cielo con ustedes?

desde el trono de Dios; una luz brillante que sale de Dios mismo...
¿Qué cosa podría ser más maravillosa que esto?

- Dios es la fuente de toda la felicidad, de todo el gozo, y de todo sentido de plenitud... cuanto más nos acercamos a él, más felices, más gozosos y más plenos nos sentiremos. En el cielo vamos a estar todo el tiempo en la presencia de Dios, lo cual significa que vamos a experimentar la felicidad perfecta, el gozo perfecto, y la plenitud perfecta... para siempre.

- La impresionante belleza del cielo y la presencia de Dios mismo van a desatar en nosotros una actitud eterna de adoración y alabanza. Estando en ese lugar, no vamos a poder resistirnos de adorar a Dios.

- Si alguna vez se imaginaron la idea de adorar a Dios por toda la eternidad como algo aburrido, imagínense esto otro: Imaginen que están en medio del público en el más grande concierto de rock de todos los tiempos... pero sin las molestias de la muchedumbre y réstenle también los guardias de seguridad que rodean el escenario para impedirles que se acerquen a la estrella del show. Esta vez ustedes son invitados a subir al escenario y a cantar unas estrofas mientras todos aclaman a la estrella. Ahora... multipliquen esa sensación por un millón. Y con una intensidad constante que continúa a lo largo del tiempo. Nunca se cansarían ni se aburrirían. ¡Esto puede darles una pequeña idea de cómo será adorar a Dios por toda la eternidad!

QUE HAGA LA DIFERENCIA
CONQUE ASÍ ES EL CIELO

Distribuye copias de **Conque así es el cielo** (página 128). Permite a los adolescentes trabajar en parejas o en grupos pequeños para completar la hoja. Emplea cualquiera o todas de las siguientes preguntas para guiar la discusión sobre la hoja:

GUIÓN PARA EL LÍDER JUVENIL

- ¿De dónde provienen las ideas que ustedes tienen acerca de cómo es el cielo?
- ¿Cuán exactas piensan que son estas visiones del cielo que ustedes tienen? Explíquense.
- Globalmente hablando, ¿cuáles son sus sentimientos con respecto a la eternidad? Explíquense.

DIGNO DE ADORACIÓN
Conque así es el cielo
Para crear una experiencia inolvidable de adoración, permite que tus adolescentes planifiquen y lleven a cabo el miniservicio ellos mismos. Asigna las diferentes partes del servicio (oración, lectura de la Biblia, alabanza personal, testimonios y música) a diferentes personas o parejas de tu grupo. Cada individuo o pareja será responsable ya sea de realizar ellos mismos las cosas o de encontrar alguien que lo haga. Asegúrate de que cada chico tenga un rol vital en el planeamiento y realización del culto de adoración.

Concluye esta lección (y este estudio) con un miniculto de adoración. Enfoquen sus alabanzas en la cuestión de que Dios ha hecho posible que nosotros pasemos la eternidad con él. Toquen canciones antiguas y contemporáneas para crear el clima apropiado. Pide voluntarios para que compartan algunas de las cosas del cielo que esperan con ansias, y luego cierra el culto en oración, pidiéndole a Dios que bendiga el deseo y el compromiso de tus adolescentes de adorarlo y honrarlo a él, y que les ayude a comprender lo que una adoración genuina puede hacer en sus vidas.

TODO LO VIEJO ES HECHO NUEVO

Paso 1: Lee los pasajes que se indican.
Paso 2: Responde las preguntas que se listan a continuación.
Paso 3: Cruza tus brazos y espera quietito y en silencio que todos los demás terminen.
(Está bien, puedes saltearte el paso 3, ¡pero realmente lo apreciaría mucho si pudieras completar los pasos 1 y 2!)

APOCALIPSIS 21:1-27
1. ¿Cuál es el primer detalle que nos da el apóstol Juan acerca de la nueva tierra? ¿En qué modo cambiaría esto la faz de la tierra?

2. ¿Qué significa que «entre los seres humanos, está la morada de Dios» (versículo 3)? ¿Por qué es eso importante?

3. ¿De qué manera describe Juan cómo será la vida en la nueva tierra (versículo 4)?

4. ¿Por qué Dios se refiere a sí mismo como «el Principio y el Fin» (versículo 6)?

5. ¿Quiénes heredarán las riquezas eternas que Dios tiene reservadas para ellos?

6. ¿Cuál será el destino eterno de las personas no creyentes?

7. Basándote en la descripción de Juan en los versículos 11 al 27, ¿cómo te imaginas tú la ciudad santa?

8. ¿Por qué es el templo (un lugar de adoración) innecesario en la ciudad santa?

9. ¿Por qué son el sol y la luna innecesarios en la ciudad santa?

10. Describe cómo será la vida sin influencias impuras, vergonzosas o peligrosas por las cuales preocuparse.

APOCALIPSIS 22:1-21

11. Compara Apocalipsis 22:3 con Génesis 3:1-24. ¿Cuál es la maldición bajo la cual está viviendo el mundo actualmente?

12. ¿Cómo será la vida una vez que haya sido cancelada esa maldición?

13. Jesús pronunció las palabras «Vengo pronto» hace más de 2000 años. ¿Cómo te explicas tú esta aparente contradicción?

14. ¿Cuál fue el error que cometió Juan en su emoción por haber visto el cielo?

15. ¿Cómo reaccionó el ángel?

16. ¿Por qué Dios pronuncia una advertencia tan grande contra agregarle o quitarle a la profecía que él dio a Juan?

CONQUE ASÍ ES EL CIELO

Basándote en lo que leíste de Apocalipsis 21—22, así como en tus propias ideas respecto de cómo será el cielo, haz una lista de algunas cosas de la eternidad que estés esperando con ansias y de algunas cosas sobre las cuales no estés tan seguro.

Espero con ansias…

No estoy tan seguro de...

Printed in the USA
CPSIA information can be obtained
at www.ICGtesting.com
LVHW061325210724
785408LV00003B/14